RUSSE
800 1000 km
500.000 E.
50.000 E.
50.000 E.
hs
A R C T I Q U E
MER DE BEHRING
MER D OKHOTSK
MER DU JAPON
Kolyma
Indighirka
Lena
Petropavlosk
Nicolaievsk
M^ts Aldan
Tougouska inf.
Tougouska moy.
Tougouska sup.
Amour
Irkoutsk
L^c Baïkal
MANDCHOURIE
Vladivostok
MOUKDEN
PEKIN
Port Arthur
SEOUL
COREE
TOKIO
S I B E R I E
E M P I R E C H I N O I S

RUSSLAND
1904-1924

E. BASCHET

RUSSLAND 1904-1924

Eine historische Foto-Reportage

Swan

Der Mann bleibt für immer das Kind, das sein „Bilderbuch" jedem Textbuch vorzieht. Und er hat absolut recht. Das Bild ist das Leben.

Lyautey
(Marschall von Frankreich)
15. Februar 1922

VORWORT DES HERAUSGEBERS

Dieses Buch ist kein Fotoalbum, sondern eine Synthese verschiedener Fotoreportagen, die zu Beginn unseres Jahrhunderts im Auftrag großer französischer Zeitschriften entstanden (l'Illustration, Monde Illustré, Nouvelles Illustrées).

Die Fotoarchive wurden von der Direktion der Zeitschrift l'Illustration sorgfältig gehütet. Diese hat sich bis heute aus guten Gründen geweigert, das Material für eine vorzeitige und systematische Verwertung freizugeben. Sie hielt es vielmehr für eine spätere objektivere Darstellung bereit.

Heute, angesichts des Abstandes zu den historischen Ereignissen und des allgemeinen Interesses für neuere Geschichte, wird die Bedeutung dieses Bildmaterials erst voll deutlich. Unsere Serie großer Fotoreportagen möchte es Ihnen erschließen.

Dieser erste Band der Reihe „Historische Foto-Reportagen" enthält 80 bisher unveröffentlichte Bilddokumente. Die übrigen 220, die in der Zeit des Zusammenbruches des russischen Reiches erschienen, sind heute größtenteils unbekannt. Sie werfen ein neues Licht auf ein Thema, mit dem man sich bereits fast bis zum Überdruß auseinandergesetzt hat.

Wir haben nur Originalabzüge verwendet und somit eine maximale Wiedergabequalität erreicht. Einige Fotos sind retuschiert, denn die Fototechnik hatte um 1900 nicht die Möglichkeiten, die ihr heute zur Verfügung stehen. Man bediente sich damals oft des Retuschierstiftes, um die Bildkontraste zu verstärken.

Die Texte und Bildunterschriften entstanden auf Grund der Artikel, die die Reporter mit ihren Aufnahmen einsandten. Der Leser erhält so einen direkteren Eindruck vom Gang der Ereignisse.

Jeder von uns hat schon etwas über die russische Revolution gehört oder gelesen. Hunderte von Büchern sind über dieses faszinierende Ereignis geschrieben worden. Erst jetzt wurde jedoch Bildmaterial über dieses Thema einem großen Gestaltungskünstler in die Hand gegeben.

Ich danke Claude Sire, dem eines der schönsten Bücher dieser Gattung gelungen ist. Ebenso danke ich André Kaspi, der uns mit historischem Sachverstand als Ratgeber zur Seite stand und uns davor bewahrt hat, daß das Ganze zu einer Art Fortsetzungsroman wird.

Schließlich danke ich allen denen, die an der Herstellung des Buches mitgewirkt haben, in erster Linie André Chadefaux für die Aufbereitung des Fotomaterials und Alain de Marotte für die technische Gestaltung.

Eric BASCHET

EINFÜHRUNG

Im Jahre 1904 kommt es im Fernen Osten zum Krieg. In der Nacht vom 8. zum 9. Februar greifen die Japaner, ohne den Krieg erklärt zu haben, bei Port Arthur die russische Flotte an. Zwei Kaiserreiche stehen sich gegenüber, doch für die Zeitgenossen besteht über den Ausgang des Krieges kein Zweifel. Das russische Reich mit seinen 130 Millionen Einwohnern, von einem unerschütterlichen Expansionswillen beseelt und von einem autokratischen Herrscher mit unbeschränkter Machtfülle regiert, hat nichts zu befürchten. Wohl hat Japan seine Wirtschaft und seine Lebensweise modernisiert. In Europa staunt man über die „kleinen gelben Menschen". Aber die Franzosen glauben, daß ihre russischen Verbündeten die Japaner einfach überrennen würden. Das Heilige Rußland stehe auf festen Füßen. Außerdem war es undenkbar, daß ein asiatisches Volk sich mit einem europäischen messen, es gar überwältigen könne. Welch eine Fehleinschätzung! Die russische Armee wird besiegt, weil ihre Führung schlecht ist und die Front ungenügend mit Nachschub versorgt wird. Nach einer siebeneinhalbmonatigen Fahrt durch die Ostsee, den Ärmelkanal, den Atlantischen, den Indischen und einen Teil des Stillen Ozeans erleidet die Flotte des Zaren bei den Tsuschima-Inseln eine ihrer schwersten Niederlagen. Mit einem Schlag schien die Vorherrschaft Europas über die Welt bedroht zu sein. Viele beginnen sich vor der „gelben Gefahr" zu fürchten.

Am 21. Januar 1924, kurz vor sieben Uhr abends, stirbt Lenin. Die Bolschewiken sind seit sechs Jahren an der Macht, und die Revolution hat Rußland völlig verändert. Der Zar wird zunächst abgesetzt, dann in die Verbannung geschickt und schließlich mit seiner Familie ermordet. Das russische Reich war durch den Weltkrieg und den Aufruhr der Massen zusammengebrochen. Die noch bäuerliche russische Gesellschaft, die stark von der orthodoxen Religion geprägt ist und gerade einem schier unendlichen Mittelalter entronnen war, begibt sich nun plötzlich unter der Führung eines harten und entschlossenen Proletariats, das nur zehn Prozent der Bevölkerung ausmacht, auf den Weg zum Sozialismus. Die Marxisten hatten den Zusammenbruch des Kapitalismus in einem der am weitesten entwickelten Industriestaaten Europas, England oder Deutschland, vorausgesagt. Aber es kam ganz anders! Er geschah dort, wo man es am wenigsten erwartet hatte, – in Rußland, das als rückständiges Land galt.

Man sollte kein allzu schwarzes Bild vom damaligen Rußland malen. Das Rußland der Zeit bis 1914 ist ein komplexeres Gebilde, als man es sich gemeinhin vorstellt. Nikolaus II. bestieg den Thron im Jahre 1894 im Alter von 26 Jahren. Er hatte eine englische Erziehung genossen und war gut mit der westlichen Kultur vertraut. Daher erwartete man von ihm eine liberale Regierung. Diese Hoffnung wurde getäuscht. Die Konservativen übten einen stärkeren Einfluß auf ihn aus als die reformfreundlichen Kreise. Die Kaiserin protegiert „Erleuchtete", wie Rasputin, die die Popularität des Regimes stark schädigen. Die Geheimpolizei, Ochrana, sorgt für Ruhe und Ordnung im Lande. Die nationalen Minderheiten werden unterdrückt. Die vier bis fünf Millionen Juden genießen keine Freizügigkeit. Der Zugang zu den Universitäten ist ihnen erschwert. Viele von ihnen werden in den Pogromen umgebracht, und unter denen, die nicht nach Amerika fliehen konnten, beginnt der Zionismus Wurzeln zu schlagen. Ein Finanzminister erklärt: „Gott sei Dank gibt es bei uns kein Parlament"!

Trotz alledem beginnt sich das Gesicht Rußlands zu verändern. Eine langsame, mühevolle Modernisierung setzt ein. Viele Westeuropäer zeichnen russische Anleihen, die von Experten als völlig risikolos, als ebenso sicher wie das zaristische Regime betrachtet werden. Von den Franzosen kommen auf diese Weise elf Milliarden Goldfranken, – ebensoviel wie von allen anderen Ländern zusammen. Außerdem investieren sie zwei Milliarden direkt. Was war man nicht alles für das Rußland eines Tschaikowskij, eines Borodin, eines Rimskij-Korssakow, eines Tschechow zu tun bereit. Französische Zeitungen, die von russischen Propagandadiensten oft Geld erhalten, versäumen keine Gelegenheit, die gegenwärtigen und zukünftigen Reichtümer des russischen Reiches zu beschwören. Mit Hilfe des ausländischen Kapitals werden Eisenbahnen und Fabriken gebaut, Bergwerke betrieben und die Landwirtschaft zu einem gewissen

Grade modernisiert. Rußland sieht zu Beginn des 20. Jahrhunderts nicht mehr so aus wie zu Zeiten Alexanders II. Aber wenn es sich einerseits an Westeuropa orientiert, bekommt es andererseits auch die Folgen der wirtschaftlichen Entwicklung zu spüren.

Die Arbeiter zeigen ihre Unzufriedenheit. Innerhalb von 20 Jahren finden zahlreiche Streiks statt. Die Bourgeoisie fordert, daß die Aristokratie einen Teil ihrer Macht an sie abgibt. Der Krieg gegen Japan hätte die Klassen vereinen können, doch die Niederlage vertieft die Gegensätze. Die Liberalen wollen sich ebenfalls nicht mit den undemokratischen Zuständen abfinden. „Möge die Autokratie im Gelben Meer untergehen!" Die Marxisten finden trotz ihrer Spaltung immer mehr Gehör. Der Sturm bricht an einem Sonntag, dem 22. Januar 1905, in Petersburg los. Zehntausende formieren sich zu einer Demonstration. Ist es eine spontane Massenbewegung oder eine Provokation? Die Kosaken schießen in die Menge. Es gibt über tausend Tote und einige tausend Verletzte. Wenig später wird in Iwanowo der erste Sowjet, ein Arbeiterrat, gebildet. Nicht einmal die Armee bleibt ruhig. Auch Soldaten bilden Räte. Schließlich kommt es zu Unruhen in der Flotte. Die Wirkung des Aufstandes auf dem Panzerkreuzer „Potemkin" ist beträchtlich. Das alles ist ein Vorgeschmack der Revolution. Das Regime ist zwar bedroht, aber es bricht nicht zusammen.

Der Zar sieht sich zu einem Entgegenkommen gezwungen. Er stimmt der Einberufung einer Duma zu, einem Parlament, das zwar nach allgemeinem Wahlrecht, doch nach einem indirekten und komplizierten Verfahren gewählt wird und wenig Macht besitzt. Nikolaus II. will keine wesentlichen Machtbefugnisse preisgeben. „Der Zarenhof", schreibt ein französischer Gesandter, „hat – offensichtlich im Glauben, die einfachen Leute der Duma, von denen 200 Bauern waren, zu beeindrucken – all seinen Glanz zur Schau gestellt (. . .). Die Bauern waren entsetzt über den Luxus, der in einem so eklatanten Widerspruch zu dem Elend stand, dessen Zeugen sie täglich waren." Die Neuerungen nützen wenig. Der politische Verstand des Zaren ist den Ereignissen nicht gewachsen. Erste Duma, zweite Duma, dritte Duma . . . Keine von ihnen spielt wirklich die Rolle eines Parlaments. Die Autokratie weicht nicht von der Stelle. Das russische Reich befindet sich nicht auf dem Weg zu einer konstitutionellen Monarchie. Die Industrie entwickelt sich, die Gesellschaft wandelt sich, das politische Regime bleibt starr.

Noch einmal könnte der Krieg die Gegensätze entschärfen. Ist nicht der Zar der Vater seiner Untertanen, die Verkörperung Rußlands, das Symbol des Reiches? Wie im Jahre 1904, so ist auch diesmal das russische Reich nicht vorbereitet, und der Feind ist ein dreifacher: Österreich-Ungarn, Deutschland und das Ottomanische Reich. Bis 1915 hält Rußland trotz allem stand. Doch zu welchem Preis! Mehr als vier Millionen Tote, Verwundete und Gefangene. Dann lassen Niederlagen, Mißwirtschaft und pazifistische Propaganda Pessimismus und Defaitismus aufkommen. Lenin, der seit Ende 1914 in Bern wohnt, ist der Meinung, daß der Krieg eine Folge der Gegensätze zwischen den imperialistischen Mächten sei und die Proletarier ihn ablehnen und die Teilnahme an ihm verweigern sollten. Dieser imperialistische Krieg müsse in einen Bürgerkrieg verwandelt werden, der das Proletariat an die Macht bringe. Streiks, Repressionen und Proteste schwächen Rußland mehr und mehr. Die Februarrevolution vom Februar 1917 (nach unserem Kalender: März) bringt die Absetzung des Zaren und die Ausrufung der Republik. Das neue bürgerliche Regime setzt den Krieg fort und führt Reformen durch. Einige Monate später stürzt die Oktoberrevolution (nach unserem Kalender: November) die Regierung und übergibt die Macht den Räten (Sowjets). Rußland schließt einen Separatfrieden mit Deutschland und Österreich-Ungarn. Seine ehemaligen Verbündeten Frankreich und England unterstützen mit Waffen, Geld und Beratern die konterrevolutionären Armeen und entsenden nach dem Waffenstillstand eigene Truppen.

Für die meisten Russen beginnt trotz allem eine neue Epoche. Der Absolutismus ist abgeschafft. Man lebt in der Hoffnung, daß man eigenes Land bekommen und in einer brüderlichen Gesellschaft arbeiten wird. Man wird nicht mehr an Hunger oder den Schlägen der Polizei sterben. Die Revolution scheint die Träume eines lange unterjochten und durch barbarische Behandlung gedemütigten Volkes Wirklichkeit werden zu lassen, – eines Volkes, das glaubt, ihm stehe eine glückliche Zukunft bevor und Stalin, Lenins Nachfolger, werde schließlich das Reich des Rechts und der Gerechtigkeit begründen.

Ein erstaunliches Land mit einem erstaunlichen Schicksal! Zwanzig Jahre seiner Geschichte sind hier dokumentiert. In diesem Zeitraum findet der erste Weltkrieg statt. Diese zwanzig Jahre verwirren selbst die klügsten Beobachter, beunruhigen die konservativen Geister, ohne andererseits die Erwartungen der Liberalen zu erfüllen. Zwanzig Jahre russischer Geschichte, die gleichzeitig zwanzig Jahre europäischer Geschichte und Weltgeschichte sind. Von ihnen wird diese außergewöhnliche Fotoreportage erzählen, die vor Ihnen liegt. Der Herausgeber wird Sie besser als ich über die Geschichte der Fotografien informieren. Ich kann jedoch sagen, daß die Bilder den Historikern und all denen, die sich für Geschichte interessieren, viel zu bieten haben. Sie legen in zweifacher Hinsicht Zeugnis ab. Zum einen über die Franzosen der damaligen Epoche. In einer Zeit, als man wenig ins Ausland reiste, als es weder Radio noch Fernsehen gab, interessierten sich unsere Großeltern doch für diese ferne, fast unbekannte Welt. Sie verfolgten die Ereignisse mit großem Interesse. Selbst wenn die Nachrichten sie erst mit einer Verspätung erreichten, die für uns heute undenkbar ist, und sie von der russischen Niederlage bei Mukden erst einige Tage danach erfuhren, waren die damaligen Staaten vielleicht weniger isoliert, als man glaubt. Telegrafie, Eisenbahn, Fotografie verbanden die entferntesten Gebiete miteinander. Offenbar war man gerade deshalb so empfänglich für Bilder, weil man selbst wenig von der Welt sah. Die begleitenden Kommentare zeigen jedoch, daß man sich mit bloßen Bildern nicht begnügte.

Vor allem aber legt das Buch Zeugnis über die Russen ab. Zwar haben Reporter die verständliche Neigung, nur das Spektakuläre, das Ungewöhnliche zu sehen. Und wieviel davon haben Aufstände, Kriege und Hofzeremonien zu bieten! Wieviel Gelegenheiten gibt es da, schöne Fotos zu machen und interessante Berichte zu schreiben. Viele Klischees sind so entstanden. Aber schließlich hat es all diese elenden Nachtlager, diese Gefangenentrupps, die nach Sibirien zogen, diese aufgereihten Leichen bei Mukden, die „Judenjäger", die durch die Straßen zogen, diese Soldaten, diese Aufständischen gegeben. Sie sind keine Erfindung der Reporter. Elend, viel Elend in einem schlecht verwalteten Land, das tief gläubig und grausam intolerant gegenüber Minoritäten ist, das mit eiserner Faust regiert wird und in dem doch auf vielen Gebieten anarchische Zustände herrschen. Und dann die kleinen Freuden des Daseins, wie die Plauderei der Bauern bei der Mahlzeit nach einem Arbeitstag. Kurz gesagt, die Fotografien sprechen für sich selbst. Sie wollen nicht belehren oder überzeugen, geschweige denn Schlüsse ziehen. Der Leser ist dazu eingeladen, eine Realität zu betrachten, über die er bisher meist nur aus Büchern und Berichten, selten jedoch von Bildern etwas erfahren hat. Es ist das lebendige und vielschichtige Rußland, das wir entdecken. Jedem steht es frei, sich sein eigenes Urteil zu bilden.

Eine Frage drängt sich jedoch beim Betrachten dieser Bilddokumente auf: Gibt es etwas Beständiges in all diesen Erschütterungen, die aus dem Heiligen Rußland die Union der Sozialistischen Sowjetrepubliken machten? Ist alles völlig anders geworden, oder haben nicht unter einer oft trügerischen Oberfläche trotz der Modernisierung der Sitten, der Kleidung und des Verhaltens Züge des alten Rußlands bis heute überlebt? Darüber können Fotos mehr Aufschluß geben als Texte.

Die Fotos werden für uns als Quellenmaterial von außerordentlicher Bedeutung sein.

André KASPI
Universität Lille III

Hunger, Schmutz und Promiskuität sind das Los der „Glücklichen", die sich für sechs Kopeken im Moskauer Elendsviertel am Chitrov-Rynok ein Nachtquartier leisten können. →

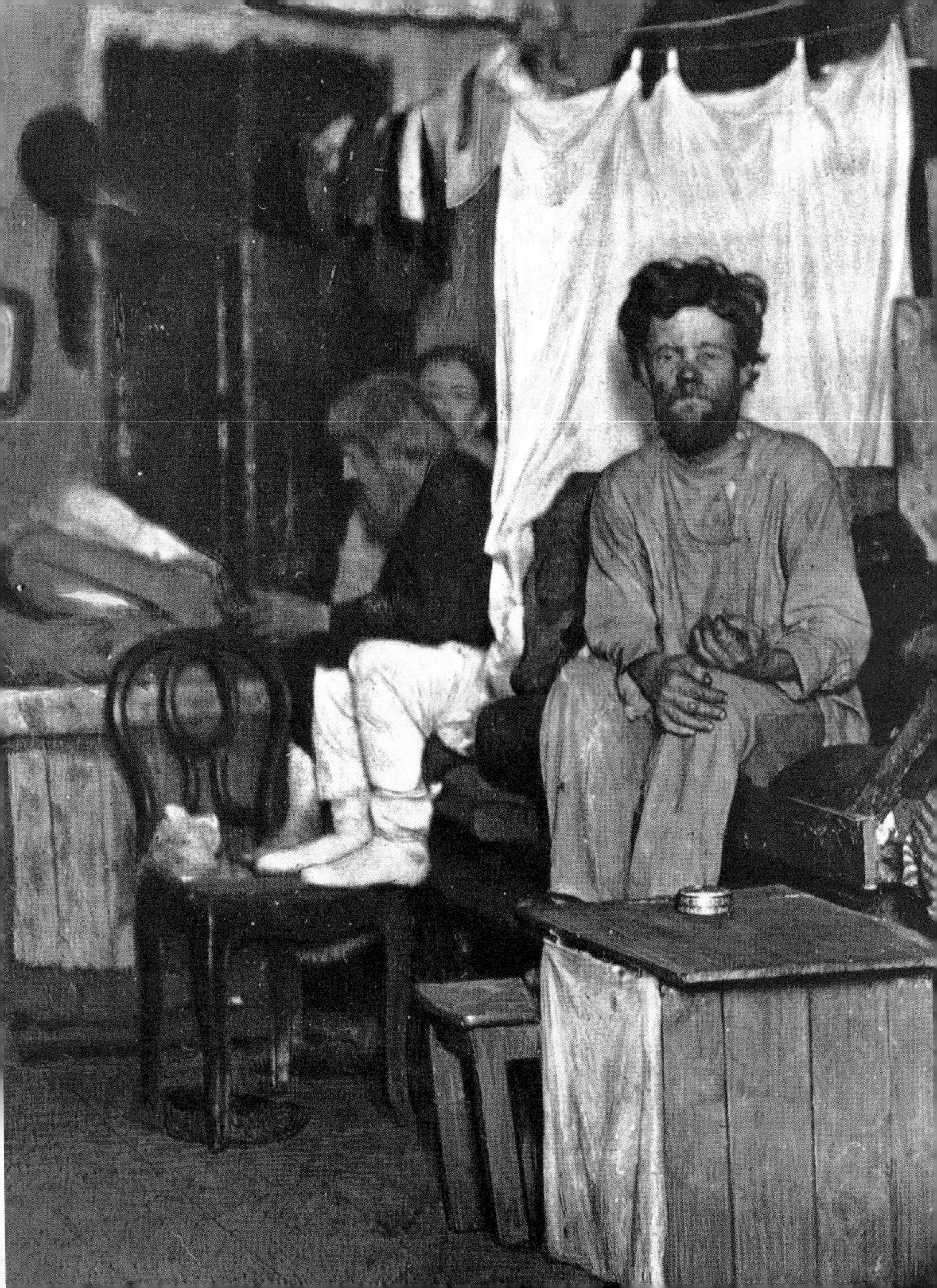

NOT UND ELEND

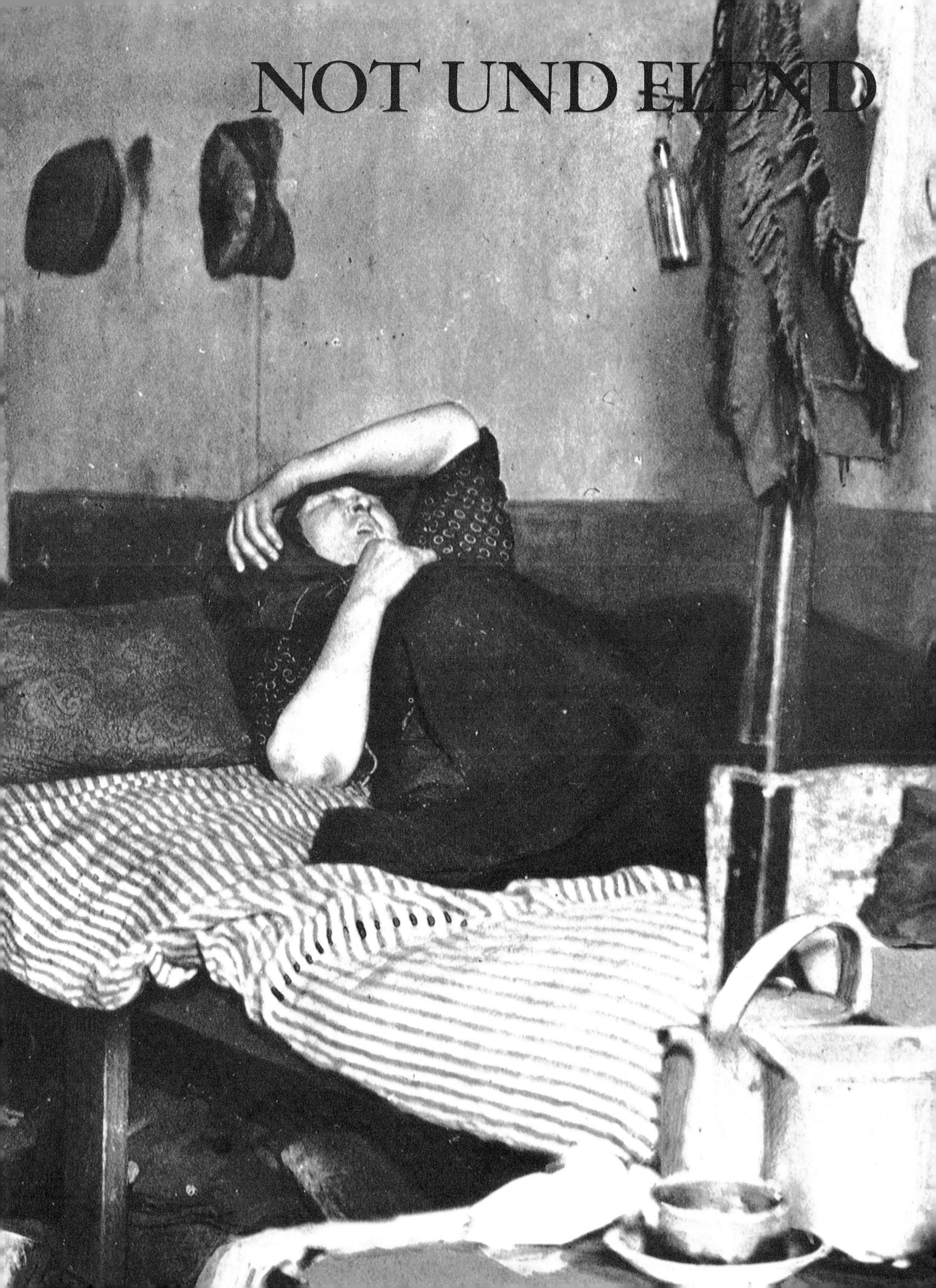

In diesem Loch in Petersburg bringt ein Fuhrunternehmer fünfzig seiner zerlumpten Fuhrleute unter. Der Gestank ist unerträglich. Es wimmelt von Ungeziefer.

Mahlzeit in einem „Traktir" (Schenke). Diese Männer, die im Monat sechs bis acht Rubel verdienen, verschlingen ihre „Kascha" (Buchweizengrütze), ihre Kohlsuppe und ihren Fisch.

Im Jahre 1905 herrscht überall auf dem Lande Hungersnot.
Die Ernten waren sehr schlecht. Doch schon muß an die nächste Ernte gedacht werden.

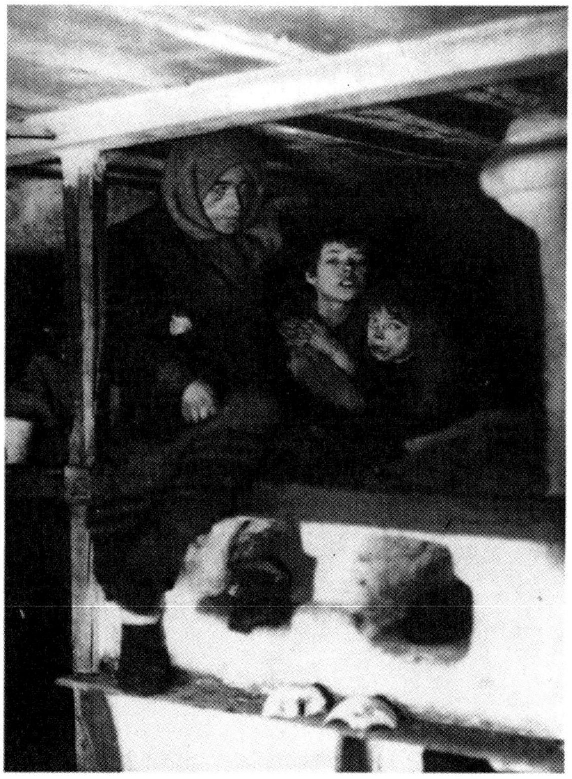

Die Bauern ernähren sich nur noch von Obst und Gräsern und füttern das Vieh mit dem Stroh von den Dächern ihrer „Izbas" (Hütten).

Familienfoto von einem Festmahl. Das vor Hunger und Erschöpfung verendete Pferd wurde auf dem Dorfplatz zerstückelt. Die Kinder lächeln satt. Die Erwachsenen denken an morgen.

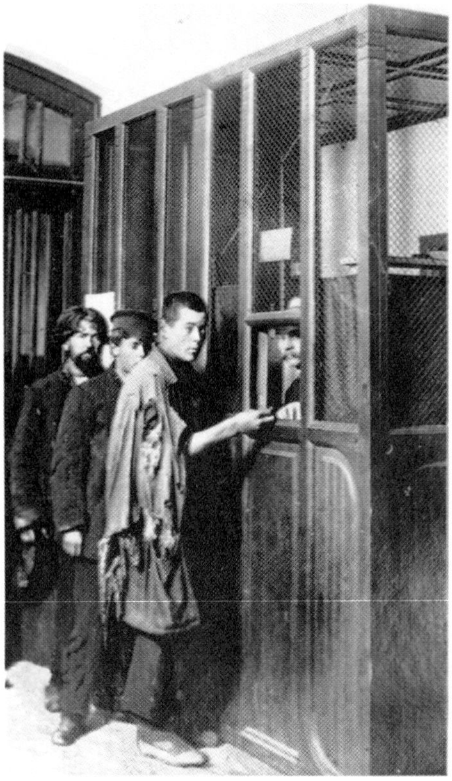

Eingang eines Nachtasyls.

Das Innere einer „Izba". Hier leben die Bauern (Mushiki) auf engem Raum zusammen. Über einem winzigen Herd hängen Lumpen. Die Bretter an den Wänden dienen als Tisch und als Bettgestell. Die ohnehin schlechte Luft wird durch den Rauch des Machorka (Tabaksorte) zusätzlich verpestet.

NOT UND ELEND

Der Zar hält die Macht in den Händen, doch in ganz Rußland herrschen Hunger und Krankheit. Dr. Buizard reist im Auftrag der französischen Regierung nach Rußland, um sich ein Bild von der Not und dem Elend des russischen Volkes zu verschaffen.

Welche düstere Stimmung liegt in seinen Reisefotos! Er besucht die Traktirs, wo die Armen essen, die Elendsquartiere der Fabrikarbeiterfamilien, die Nachtherbergen, wo verwanzte Obdachlose nächtigen, die Spelunken, wo sich der Bodensatz des Volkes versammelt. In den Izbas auf dem Lande sieht er die Armut der zusammengedrängt hausenden Bauern, im Donezbecken den Schmutz der Bergarbeitersiedlungen.

Wo er auch hinkommt, überall Elend und Verzweiflung, Enge, Promiskuität, Schmutz, vollständiges Fehlen von Hygiene, Unterernährung, Alkoholismus.

In Moskau besucht er den „Chitrov-Rynok", einen viereckigen Platz, auf dem die verschiedensten Menschen zusammenkommen. „Kinder, Alte, Frauen, Bauern, die in der Stadt Arbeit suchen, Arbeitslose, Kriminelle, Prostituierte. Hier wechselt ein Haufen Kleiderlumpen den Besitzer. Etwas weiter wird aus einer alten Kiste widerliches Hackfleisch, das aus Fleischabfällen gemacht wird, für eine Kopeke pro Portion verkauft. Es wird mit den verschiedenartigsten und seltsamsten Dingen gehandelt."

„Dieser Platz ist von Gebäuden umgeben, in denen abends die Elenden ein Nachtlager finden. Im Inneren eines dieser Häuser liegen Frauen in einem verräucherten Raum auf einigen Brettern, die ein Holzgerüst, das etwas über einen Meter hoch ist, stützt. Hebt man die Bretter hoch, entdeckt man, daß darunter weitere Schläferinnen direkt auf dem Boden liegen. Neben dem Raum sind ein Dutzend Schlafstellen ohne Zwischenräume aufgestellt, auf denen alle nebeneinander schlafen: eine alte Frau, ein Mann, eine Familie mit zwei kleinen Kindern . . ."

Das ist ein günstiger Nährboden für die Cholera, eine ansteckende und schwere Krankheit, die häufig auftritt und sich mit rasender Geschwindigkeit ausbreitet.

Bis 1908 wird die Zahl der registrierten Fälle von Cholera die 18-Millionen-Grenze überschreiten, das sind 11,94 % der Bevölkerung. Einer von neun Einwohnern Rußlands war also seit dem Ausbruch der Epidemie von ihr befallen.

Terroristen schlagen zu, revolutionäre Gruppen bilden sich, aber noch immer schickt das Heilige Rußland seine Truppen zum Kampf in die Mandschurei. Der Zar, oberster Feldherr und Oberhaupt der orthodoxen Kirche, segnet, hoch zu Roß, die Männer eines seiner treuesten Regimenter. →

DER RUSSISCH-JAPANISCHE KRIEG

Die japanische Armee glaubt nicht an Wunder.
Für die Überquerung des Flusses Jalu hatte der General Kuroki schon einen Monat zuvor die Furten auskundschaften lassen.

Die schweren Kanonen der japanischen Artillerie unter sicherem militärischen Schutz auf dem Weg von Port-Arthur zum Scha-ho.

Die „kleinen gelben Männer", wie die europäischen Journalisten sie nennen, hocken auf Schilfmatten. Sie sind in ständiger Verbindung mit dem Stab.

Die russische Armee war in geschlossener Formation – ein beeindruckender Anblick – in die Schlacht gegangen. Nach der Schlacht mußte sie Mukden so schnell verlassen, da keine Zeit blieb, die Toten zu beerdigen. Hier liegen 600 Leichen.

Der Rückzug beginnt.
Am 25. Februar (10. März) 1905, einen Tag nach der Niederlage, verläßt die russische Armee die noch brennende Stadt Mukden in der Mandschurei.

Der Besiegte. Er ist 67 Jahre alt und hat nie eine Militärschule besucht. Dank seiner Tapferkeit war Linjewitsch vom einfachen Soldaten zum Oberbefehlshaber aufgestiegen – die Situation, die General Kuropatkin verschuldet hatte, konnte er jedoch nicht mehr retten.

Der Sieger. 62 Jahre alt. Während des Krieges von 1870 war er in Frankreich.
Nach Japan zurückgekehrt, macht er seine Truppe mit moderner Strategie bekannt und führt moderne Waffen ein.

Öffentliches Gebet auf dem Roten Platz in Moskau für die russische Armee in der Mandschurei.

Eine japanische Einheit auf dem Vormarsch nach Nord-Korea.

Kosaken beim Angriff.

DER RUSSISCH-JAPANISCHE KRIEG

DIE JAPANISCHE SEITE

Die japanischen Soldaten sind so wenig wie möglich beladen. Sie sind warm bekleidet, und koreanische Kulis tragen für sie Kisten und sonstiges Gepäck, unter dessen Last sie fast zusammenbrechen.

Der Offizier, der die Abteilung befehligt, reitet auf einem beschlagnahmten Ochsen oder einer Kuh, um seine Kräfte zu schonen. Den Japanern gelingt es so, in guter Kondition zu bleiben. Die Soldaten sind auf europäische Art bewaffnet, und die Flotte ist nach dem neuesten Stand der Kriegstechnik ausgerüstet.

Dreißig Jahre zuvor, als das Reich des Mikado aus seinem Dornröschenschlaf erwachte, hatte die Regierung französische und deutsche Militärberater, die eigene, japanische Kader heranbilden sollten, und Ingenieure, die die ersten Eisenbahnlinien und Brücken bauen sollten, ins Land gerufen. Als der Konflikt mit Rußland beginnt, sind an der Militärakademie nur noch zwei oder drei deutsche Offiziere beschäftigt.

DIE RUSSISCHE SEITE

Der Transport der Truppen über den Baikalsee war ein Problem von entscheidender Bedeutung. Es gelingt den Eisbrechern schließlich, eine Fahrrinne für die Fährschiffe zu brechen, auf denen die Konvois an das andere Ufer transportiert werden. Die Überquerung des Sees auf dem Eis hatte sich als äußerst schwierig erwiesen. Die Eisenbahnwaggons wurden von Pferden gezogen, weil die Lokomotiven zu schwer waren. Vor jeden Wagen wurde je nach Gewicht eine Anzahl Pferde gespannt. Die Soldaten gingen die 43 Kilometer über den See zu Fuß.

DIE KRIEGSSTRATEGIE

Bei den Russen spielt die Kavallerie die Hauptrolle. Sie setzen ihre ganze Hoffnung auf die Kosaken.

Die Japaner haben nur eine mittelmäßige Kavallerie, denn der Generalstab ist der Meinung, daß die Zeit heldenhafter Attacken zu Pferde vorbei ist. Schlachten waren zu Feuergefechten zwischen Feinden, die sich nicht sehen, geworden. Im Vorteil ist derjenige, der hierfür am besten gerüstet ist.

Diese Auffassung erweist sich sehr schnell als die richtige. 600 Kosaken besetzen den nördlichen Teil einer kleinen Stadt, während von Süden her ein japanischer Spähtrupp heranreitet. Ein heftiger Kampf entbrennt, der gerade so lange dauert, bis 300 Mann japanischer Infanterie den Kavalleristen zu Hilfe kommen. Aus einer Entfernung von 400 Metern eröffnen sie ein so mörderisches Feuer, daß der Feind keinen Versuch macht, mit seinen Pferden gegen die Neuankömmlinge anzugehen. Die Japaner können so fünf- bis sechsmal feuern, bevor der Gegner zur Gegenwehr überging. Die Infanterie erweist sich somit der Kavallerie als klar überlegen.

DAS ENDE DES KRIEGES

Durch die Vermittlung von Theodore Roosevelt kommt es im September 1905 zur Unterzeichnung des Friedensvertrages von Portsmouth (USA). Der Sieger Japan behält Port-Arthur und Süd-Sachalin, verzichtet aber auf jeglichen Einfluß in Korea und der Süd-Mandschurei. Zum erstenmal in der Geschichte wurde eine weiße Nation von einer gelben besiegt. Die westliche Welt ist bestürzt.

Auf den Schiffen im Schwarzen Meer, in den Marinekasernen und in Sewastopol ist man auf alles gefaßt, nur nicht auf dieses: die Blaukragen des Panzerkreuzers Potemkin „Kniaz-Potemkin" verwandeln sich in verwegene Meuterer. →

PANZERKREUZER POTEMKIN

Die Treppe von Odessa, die durch den Regisseur Eisenstein weltberühmt wurde. Wer denkt nicht beim Anblick dieser Stufen, auf der von Soldaten eine Menschenmenge zusammengedrängt und beschossen wurde, an jenen immer schneller herabrollenden Kinderwagen?

An zwei Stellen kommt es zu Revolten. Auf dem Panzerkreuzer „Potemkin" meutert die Besatzung, in Odessa legen Revolutionäre Feuer.

Am 16. (29.) Juni 1905, um sieben Uhr abends, werden von der „Potemkin" zwei Schüsse auf Odessa abgefeuert. Der eine streift das Dach eines Hauses, der zweite trifft ein Gebäude in der Vorstadt.

Der Matrose Matjuschenko verletzt durch einen Hieb mit seiner Pistole den Popen Parmen im Gesicht und hält mit seiner Waffe die Mannschaft in Schach.
Vor dem Drama auf dem Deck der „Potemkin". Die Offiziere im Vordergrund. Links der Pope Parmen.

DER PANZERKREUZER „POTEMKIN"

Am Morgen des 14. (27.) Juni 1905 kehrt das Torpedo-Begleitboot, das Lebensmittel geholt hat, zum Panzerkreuzer „Potemkin" zurück.

Als die Matrosen des Panzerkreuzers auf Deck kommen, sehen sie das mitgebrachte Fleisch, das an Haken hängt. Es verbreitet einen solchen Gestank, daß man an der frischen Luft hängen läßt, was nicht gleich zur Zubereitung der Mahlzeit verwendet wird. Nur wenige Matrosen kommen zum Essen. Der Kapitän wird von dem Vorfall in Kenntnis gesetzt und ist erzürnt. Das Fleisch wird dem Schiffsarzt zur Kontrolle vorgelegt, der jedoch, um sich bei den Vorgesetzten nicht unbeliebt zu machen, den Matrosen erklärt, sie seinen im Unrecht. Der Kapitän ruft die Mannschaft zusammen, die sich schweigend im Hintergrund aufstellt. Alle diensthabenden Offiziere und auch der Arzt sind anwesend.

„Einige von euch scheinen mit der Verpflegung an Bord nicht zufrieden zu sein und protestieren. Das Fleisch ist ausgezeichnet, wie der Doktor bestätigt. Wer essen will, soll hierher kommen – er weist auf einen freien Raum auf dem Deck hinter ihm –, die anderen sollen dort bleiben." Die Mannschaft zieht vorbei, ohne zu murren. Als etwa dreißig Zögernde zurückgeblieben sind, läßt er die Garde rufen. Achtzehn bewaffnete Marinesoldaten umstellen die Unzufriedenen. Der Kapitän befiehlt, die Meuterer auf der Stelle zu erschießen.

Die Garde gehorcht dem Kommando zum Laden der Gewehre, doch keiner schießt, als der Befehl „Feuer" ertönt. Der Erste Offizier reißt einem der Marinesoldaten das Gewehr aus der Hand und schießt auf den Unteroffizier, dem das Erschießungskommando unterstellt ist. Die Kugel verfehlt ihr Ziel und verwundet einen der dreißig Männer. Er wird ins Krankenquartier gebracht. Das Signal zum Aufruhr ist gegeben.

Die Männer stürzen sich auf die Waffen und nehmen das Schiff in Besitz.

Dann legt der Kreuzer in Odessa an. Die Stadt wird seit Wochen von Streiks heimgesucht und befindet sich im Ausnahmezustand. In der Nacht nach der Ankunft des Schiffes wird der Hafen geplündert und in Brand gesteckt. Die revoltierende Bevölkerung fühlt sich sicher durch die Anwesenheit der meuternden Besatzung.

Der Panzerkreuzer „Potemkin" beendet seine Irrfahrt Anfang Juli in Constanta (Rumänien). Er wird unverzüglich an Rußland zurückgegeben.

Vom Schwarzen Meer bis zur Ostsee, über das ganze Reich breitet sich die Revolte aus. Hier in Kronstadt dieselben Szenen von Zerstörung, Bränden und Verhaftungen wie in Sewastopol, Odessa oder Lodz. →

DIE REVOLUTION VON 1905
Unruhen im Reich

Revolution und Konterrevolution stehen sich gegenüber. Die Straßen liegen voll von Abfall und Gerümpel. Barrikaden wurden gebaut. Aufständische laufen durch die Stadt. Auf einem Pferdewagen wird ein Verwunderter ins Lazarett transportiert.

Vor den provisorischen Leichenhallen, in die immer mehr Tote eingeliefert werden, klagen die Witwen ihr Leid.

In einer Gasse in Lodz (Polen) im Juni 1905. Der Zusammenstoß von 70000 Demonstranten mit der Polizei endet in einem entsetzlichen Blutbad. Dieser Jude ist völlig verzweifelt. Er fürchtet, daß er zum Sündenbock gemacht wird. Es ist die Zeit der Pogrome.

Im Salon einer Villa in Lodz hausen Kosaken. Müde lagern sie auf Stroh nach zwanzigtägigem Einsatz.

Fürst Woronzow-Daschkow, Statthalter des Kaukasus, besichtigt, von seinen Kosaken eskortiert, die Reste der Industriestadt Balachany, ein Trümmerfeld aus verkohlten Steinen, zerschlagenen Rädern und verbogenen Rohren.

Die Straße wird zum Leichenschauhaus. Polizei und Kosakenregimenter fechten regelrechte Schlachten gegen die Aufständischen aus. Der Totengräber zählt die Opfer.

Nachdem die Kampfhandlungen eingestellt worden sind, patrouillieren Soldaten durch die Straßen.

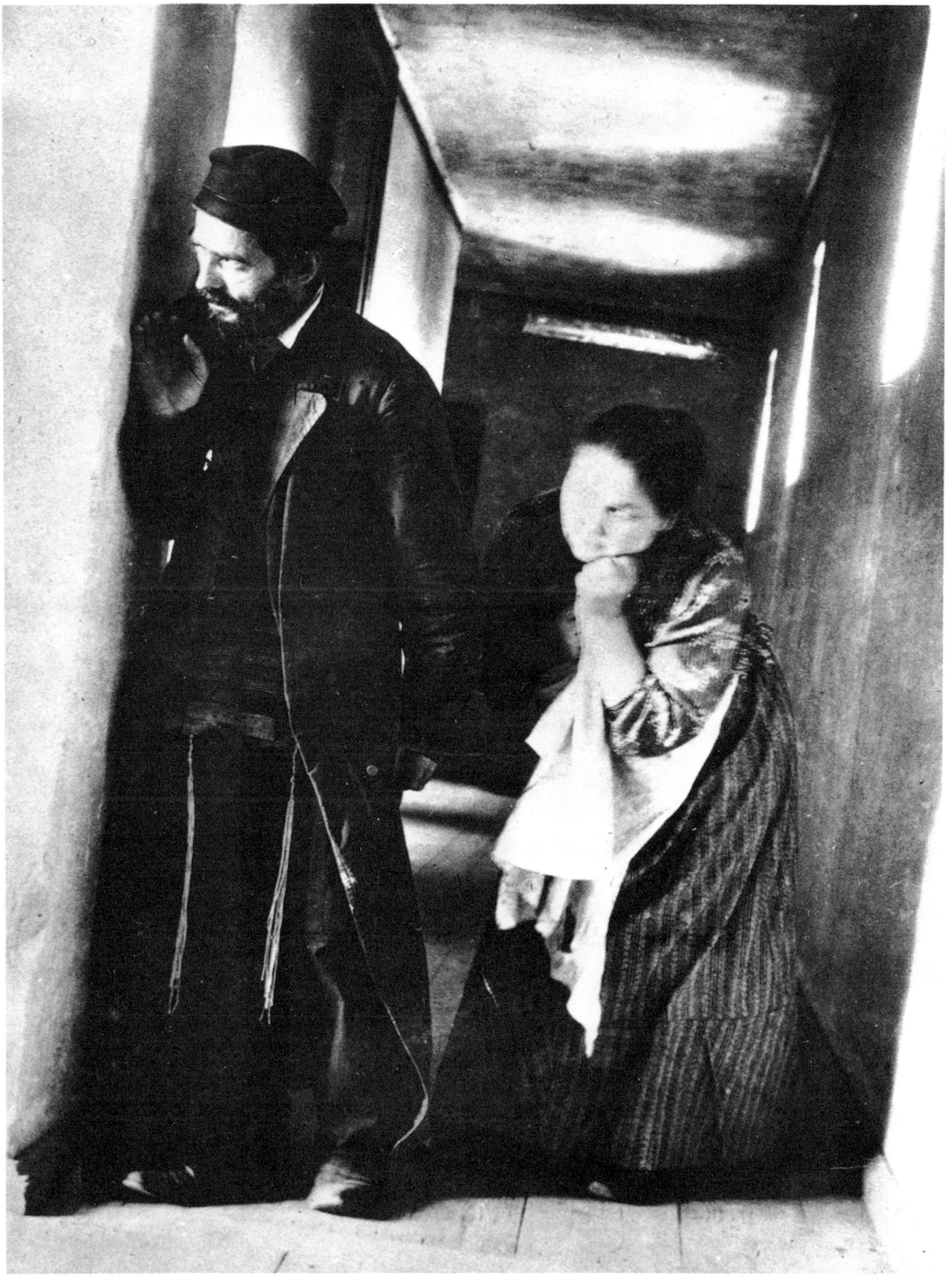

Der Schrecken steht allen in den Gesichtern geschrieben.

Unruhen in den Städten

Hinter der roten Fahne marschiert unter all diesen Mützen und Hüten der Geist der Revolution.
Hier ist eine der ersten Demonstrationen in Petersburg zu sehen.

Eine revolutionäre Demonstration an der Newa.

Eine Kavallerieabteilung bringt sie zum Stehen. Die „roten" Delegierten verhandeln mit den Soldaten.
Die Instruktion lautet: Wenn sich der Zug nicht auflöst, wird geschossen.

Der Zusammenstoß ist vorüber. Noch wagt niemand, den Toten auf dem Pflaster wegzutragen.

Moskau. Ein verbarrikadiertes Tor der Universität.

Eine gewaltige Streikbewegung hat sich über ganz Rußland ausgebreitet und die Städte isoliert und lahmgelegt. Hier die Putilow-Waffenfabrik in Petersburg, die von den Arbeitern besetzt ist.

Die Bäckerei Filippow. Hier wurden 200 Arbeiter mit Gewehrhieben aus dem Unternehmen getrieben, weil sie die Arbeit niedergelegt hatten.

Das sind Schwarzhunderter. Sie marschieren hinter dem Zarenbild und der Nationalflagge. Sind es Verteidiger von Ruhe und Ordnung, ehrenwerte Bürger, die von den Ausschreitungen der Revolutionäre aufgeschreckt wurden, oder üble Provokateure?

DIE REVOLUTION VON 1905

UNRUHEN IM REICH

Zu Beginn dieses Jahrhunderts fragt man sich in der westlichen Welt, ob die Unruhen nicht die Autorität des jungen Kaisers Nikolaus II. schwächen. Auch im Westen hat es Aufstände und Revolutionen gegeben. Man kann noch verstehen, daß das mittelalterliche Rußland mit dem modernen Japan, das es zerschmettern wollte, einen ungünstigen Frieden schließt. Wenn auch die Niederlage der Weißen, die ihnen die Asiaten beigebracht haben, erstaunt und Besorgnis für die Zukunft weckt, so ist doch das Desaster in der Mandschurei nicht das erste in der russischen Geschichte. Aber die westliche Welt begreift noch nicht recht, welch ein Sturm das ganze russische Territorium erfaßt, der sich in Unruhen, Streiks und Demonstrationen äußert.

Die Ereignisse von Odessa versetzen den Westen in Schrecken. Die ganze Welt meint, kaum je sei in der Geschichte des Kampfes der Völker gegen die Herrschenden ein solch glänzender Sieg der Revolutionäre errungen worden. Weil die Autorität der Offiziere eines Kriegsschiffes, der „Potemkin" – eine Autorität, die als unantastbar galt – geschmäht wurde, glaubt jedermann, das Ende der letzten absoluten Autokratie, der des Zaren, sei gekommen.

DIE UNRUHEN IN DEN STÄDTEN

In Moskau greift eine riesige Streikbewegung um sich. Sie erfaßt sehr schnell auch andere Städte, wie Petersburg. Auch das Personal der Eisenbahn streikt, so daß die russischen Städte voneinander und von der restlichen Welt isoliert sind.

Die Arbeiter fordern lediglich eine Verbesserung ihrer Lage. Nachdem ihre zahlreichen Beschwerden bei den Unternehmern und den Behörden nicht halfen, legen sie die Arbeit nieder. Ungeschicktes Verhalten und Brutalität einiger Beamter haben schwerwiegende Folgen. Mit Peitschen, Bajonetten und Gewehrkolben werden die Streikenden von ihren Arbeitsplätzen gejagt.

Lodz ist eine wichtige Industriestadt mit 400000 Einwohnern. Doch die Lage der Arbeiter ist schlecht, denn es herrscht ein Überschuß an Arbeitskräften. Als in Rußland die Judenverfolgungen beginnen, stellen die christlichen Unternehmer keine Juden mehr ein. Ihrem Beispiel folgen auch die jüdischen Unternehmer, um Schwierigkeiten mit der Staatsmacht aus dem Wege zu gehen. Um dieser Hölle zu entgehen, emigrieren viele Juden in die Vereinigten Staaten von Amerika. Doch auch die nichtjüdischen Arbeiter haben ein schweres Los. Im Juni 1905 kommt es zu den ersten Zusammenstößen.

In den Straßen liefert man sich regelrechte Schlachten. Polizei und Armee gehen ohne Erbarmen vor. Es gibt zahlreiche Opfer. Auch in Warschau spielen sich dramatische Ereignisse ab. Die Stadt wird von Streikenden geplündert. Kavallerie wird zur Niederschlagung des Aufruhrs herbeigerufen, die die Plünderer mit dem Säbel vertreibt. Ein jeder, der mit einem gestohlenen Gegenstand zu entkommen sucht, wird auf der Stelle erschossen.

Überall in Rußland das gleiche Bild: Streik, Aufruhr, Plünderung und Brandstiftung lösen einander ab. Ruhe tritt erst wieder ein, als Nikolaus II. am 17. (30.) Oktober 1905 feierlich die Gewährung bürgerlicher Freiheiten und die Bildung eines Parlamentes verspricht.

Das Resultat ist die Gründung einer Nationalversammlung, genannt Reichs-Duma.

Ein „Dvornik" (Hausmeister) liest eine Nummer der „Nowosti dnja" (Neuigkeiten vom Tage). Im August 1905 erreichen die Zeitungen beträchtliche Auflagenhöhen. Aus ihnen erfahren die Russen jene Neuigkeiten, auf die sie so lange gewartet haben: Der Zar läßt ein Parlament zu und schließt Frieden mit Japan. →

ЧАСТКА

DIE STAATS-DUMA

Am 27. April (10. Mai) 1906 eröffnet Nikolaus II. im Georgs-Saal des Winterpalastes feierlich die „Gossudarstvennaja Duma", auf die ein Teil der Staatsmacht übertragen wird. Rechts vom Thron die Kaiserin-Mutter und neben ihr die Kinder.

Ein Abgeordneter notiert die Beschwerden eines barfüßigen „Chodok", eines Sprechers der Wählerschaft, dessen unterwürfige Haltung an die eines Leibeigenen erinnert.

Ob Droschkenkutscher oder Fahrgast, alle lesen am 19. August 1905 die Tageszeitung, in der der kaiserliche Ukas über die Gründung der Nationalversammlung veröffentlicht ist.

Eine weise Vorsichtsmaßnahme des „Zaren aller Russen":
Wer in die Duma gewählt werden will, muß Russisch sprechen. So können sich alle verständigen trotz der ungeheuren ethnischen Vielfalt: Großrussen und Ukrainer, Litauer, Esten, Armenier, Georgier, Tataren, Tscherkesen, Rumänen (in Bessarabien).

DIE STAATS-DUMA

Die Duma tritt erstmals am 27. April (10. Mai) 1906 zusammen. Als Tagungsort ist der Taurische Palast in Petersburg vorgesehen. Die Wahlprozedur ist derart kompliziert, daß es mehrere Monate dauert, sie einigermaßen praktikabel zu gestalten.

Gemeindeversammlungen nominieren Delegierte für die Wahlmännerversammlung der Bezirke. Die letzteren wählen ihrerseits die Wahlmänner der Gouvernements, die dann schließlich die Abgeordneten der Reichsduma wählen.

Die Vielfalt der Wählergruppen ist sehr groß. Da stehen Bauern in Schafspelzen, Arbeiter und Unternehmer nebeneinander.

DIE ERÖFFNUNG DER ERSTEN STAATS-DUMA

Nikolaus II. steht an der Schwelle zum Thronsaal des Winterpalastes. Mit ihm ein Gefolge von Zeremonienmeistern, Edelleuten und würdenträgern. Sechs von ihnen tragen die Insignien der Macht: das Reichssiegel, die Reichsstandarte, den Reichsapfel, das Zepter, das Schwert und die Krone. Diese gehen dem Zar voraus und stellen sich um den Thron auf.

Der Zar, die beiden Kaiserinnen und das Gefolge bleiben vor dem Altar stehen und hören das Tedeum.

Danach stellt sich der Kaiser, mit einem Mantel aus Samt und Hermelinfell bekleidet, unter den goldgelben Baldachin vor dem Thron und verliest mit lauter Stimme die Eröffnungsrede. Nach Beendigung der Eröffnungszeremonie begeben sich die Abgeordneten der Duma in den Taurischen Palast, wo sie ihre erste Sitzung abhalten werden.

DIE ENTTÄUSCHUNG KAM BALD

Lossew, ein einfacher Bauer, steigt zur Rednertribüne hinauf, um nach der Rede des Ministers das Wort zu ergreifen.

Der Minister hat einige Minuten zuvor erklärt, daß die Forderungen der Bauern unzulässig seien.

„Was heißt hier unzulässig?" fragt Lossew, „Einem Land, das Hunger leidet, Gerechtigkeit widerfahren zu lassen? Soll es fortan unter der Fuchtel des Ministers stumm wie Vieh bleiben?"

Und mit bewegter Stimme fährt er fort: „Ich war voller Freude, als ich die hochgeschätzten Worte meines Kaisers hörte, durch dessen große Gnade die Duma zusammengerufen wurde, um das Land zu erneuern. Aber diese Freude hat den heutigen Tag nicht überdauert. Jetzt sehe ich, meine lieben Freunde, daß mein Land wieder unglücklich ist und daß es wieder von der Willkür jener medaillengeschmückten Mächtigen bedroht ist."

DAS LEBEN DER BÄUERLICHEN ABGEORDNETEN

Was für ein Leben führen diese einfachen Vertreter der Landbevölkerung in Petersburg? Sie haben es schwer, sich zurechtzufinden, sich zu ernähren und eine Wohnung zu finden, und werden hierbei übervorteilt.

Ein Abgeordneter der Rechten versammelt um sich die Bauern, die keiner politischen Gruppierung angehören, und bieten ihnen Unterkünfte an, die er zu diesem Zweck herrichten ließ.

Die Zimmer sind mit einem oder mehreren Betten, Hockern, einem Schrank und einer Waschgelegenheit ausgestattet. Alles ist sehr primitiv. Tee gibt es in reichlicher Menge. Das Abendessen besteht aus einer Suppe. Der Pensionspreis ist gering, doch die Verpflegung ist nicht die beste.

Viele Abgeordnete wollen unabhängig bleiben. Sie schließen sich zu Arbeitsgruppen zusammen. Die ländlichen Abgeordneten führen ein strenges Leben: Sie besuchen die Gottesdienste, beachten die Fastenregeln, arbeiten viel, um die Aufträge und Wünsche ihrer Wähler, die ihnen einfache Boten (Chodoki) überbringen, zu erfüllen.

DIE AUFLÖSUNG DER DUMA

Nikolaus II. mißbilligt die von der Duma eingebrachten Vorschläge zur Landreform und löst die Duma am 22. Juli 1906 durch einen Ukas auf.

Obwohl eine neue Duma für März 1907 einberufen wird, bemächtigt sich Enttäuschung und Unzufriedenheit des ganzen Landes.

Es herrscht Ausnahmezustand. Kein Untertan des Zaren darf das Land verlassen. Jeder Ausländer, der die Grenze passiert, macht sich verdächtig. →

REPRESSION UND VERBANNUNG

Die Passanten werden auf offener Straße durchsucht. Wer Waffen oder kompromittierende Papiere hat, wird sofort verhaftet.

Eine Marine-Einheit der baltischen Flotte durchsucht die Bewohner eines Dorfes in Kurland.

Am Tag nach einem Aufruhr in einem Petersburger Vorort.
Eine Dragoner-Patrouille kehrt – Hand am Säbel und Gewehr über der Schuler – von der Jagd nach Verdächtigen zurück.

Eine Gruppe politischer Gefangener auf dem Weg nach Sibirien.
Obwohl mit ziemlicher Sicherheit am Ziele der Tod auf sie wartet, geht einer mit erhobenem Kopf.
Die Frau streckt dem Fotografen herausfordernd die Zunge heraus.

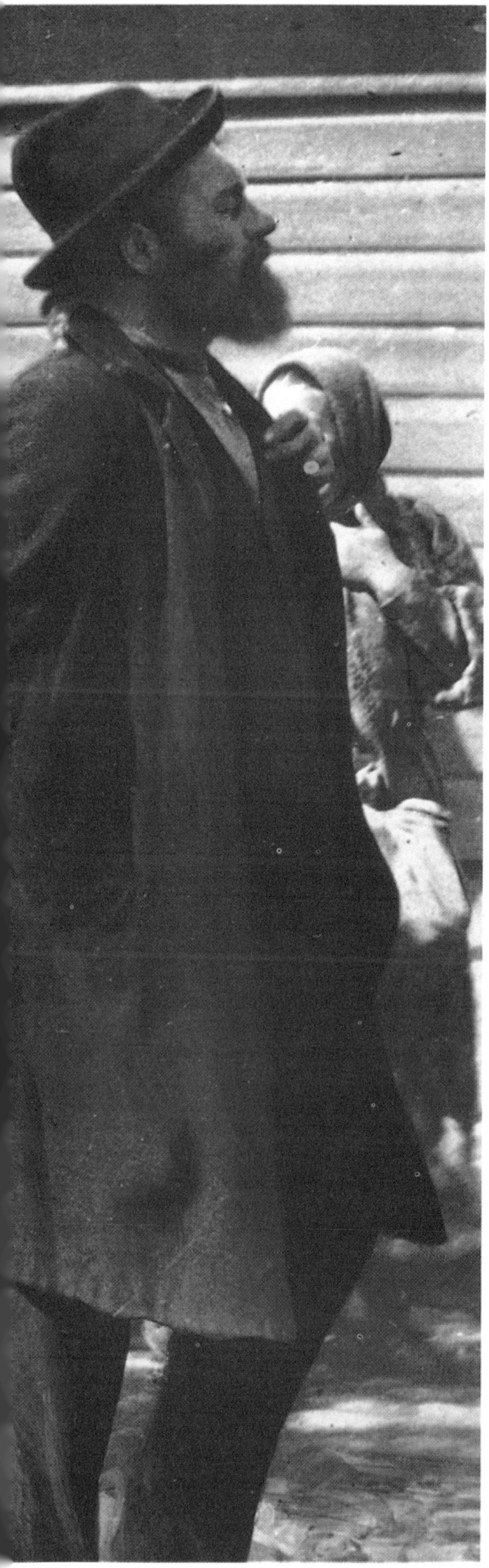

Ein Erschießungskommando.

In Paris, in einem Café auf dem Boulevard Arago, hält der Klub Russischer Revolutionärer Sozialisten Tag und Nacht seine Sitzungen ab. Seine Mitglieder schlafen zu zehnt in einem Raum, haben ein Foto von Lenin an die Wand geheftet, trinken Tee ohne Samowar. Mit größtem Interesse lesen sie alle Nachrichten, die von der Agonie des russischen Reiches berichten. Für sie beginnt die Freiheit.

Eine Gruppe Gefangener. Der zweite von links heißt Leo Trotzki.

Ein Zug Meuterer und Revolutionäre auf dem Weg nach Sibirien.

Um ein Exempel zu statuieren und die Ordnung wiederherzustellen, zünden die Machthaber die Häuser der Unruhestifter an.

REPRESSION UND VERBANNUNG

Plötzlich erheben sich auch die Bauern. Sie hören vom Aufruhr, der das ganze Land erfaßt, und stürmen die Schlösser, verwüsten und plündern sie und stecken sie in Brand. Das ist eine Zeit der Zerstörung, der großen Rache der Versklavten an ihren grausamen Herren, die sie mit der Knute so lange zum Schweigen verdammt haben.

Fürst Orlow wird mit der Wiederherstellung der Ordnung beauftragt und übt in den baltischen Provinzen ein unbarmherziges Schreckensregiment aus. Eine regelrechte Jagd auf Menschen findet statt. Die schneebedeckten Weiten verraten die Spuren der Flüchtenden. Die großen Fichtenwälder bieten Hinterhalte. Grausame Szenen wiederholen sich immer von neunem: Ein Aufständischer schießt aus dem Dickicht nachdem er aufgespürt worden ist. Dann umzingelt das Kommando das nächste Dorf, wählt die Häuser aus, in denen Waffen, Munition usw. vermutet werden. Die Bewohner werden hinausgetrieben. Jede Tür, die auf Aufforderung nicht geöffnet wird, schlägt man ein. Wenn die Leute sich wehren, werden sie mit Faustschlägen oder dem Gewehrkolben hinausgetrieben. Während drinnen die ärmliche Behausung bis auf die kleinste Ecke genaustens durchsucht wird, werden draußen die Bewohner einer Leibesvisitation unterzogen.

Jeder, bei dem Waffen oder Munition gefunden werden, ist verloren.

Mitunter werden unter einem Holzhaufen Gewehre oder Patronen gefunden. Die Hütte des Ertappten wird angezündet. Wird er nicht auf der Stelle erschossen, muß er nach Sibirien.

Im Stockwerk über diesem Zimmer wurde Oberst Karpow, der in eine Falle gelockt wurde, erschossen. Iwanow, der Besitzer des Hauses, sieht sich den Schaden an. Das Kreuz in der Gebetsecke blieb verschont. →

DIE ANARCHISTISCHEN ATTENTATE

Das Haus in der Astrachaner Straße in Petersburg, in dem Oberst Karpow im Dezember 1910 durch eine Bombe getötet wurde.

Das Zimmer, in dem das Attentat geschah. Links die Überreste des Sofas, unter dem die Bombe lag und der Polizeichef saß. Ein Anarchist, ein gewisser Michail Woskressenskij, löste die Explosion durch einen Druck auf den Klingelknopf aus.

Der Mittelteil der Datscha (Sommerhaus) von Premierminister Stolypin ist zerstört. Er selbst ist diesmal dem Tode entkommen, aber seine vierzehnjährige Tochter Natalja hat bei dem Anschlag beide Beine verloren.

Stolypin erklärt: „Ich suche einen liberalen Weg, um gegen die Revolution zu kämpfen, aber ich finde nur die Gewalt."

Oberst Karpow, Polizeichef von Petersburg.

Stolypin wird 1911 in Kiew ermordert. Dieser prachtvolle Leichenzug geleitet ihn zur letzten Ruhe.

ANARCHISTISCHE ATTENTATE

Am Tage nach der Auflösung der ersten Duma wird Stolypin Premierminister des Zaren.

Er versucht, die Institutionen des alten Rußlands, die ihm lieb und teuer sind, zu retten. Bald hat er sich Klarheit über den Ernst der Lage und die Schwierigkeiten, die mit seiner neuen Aufgabe verbunden sind, verschafft.

Das russische Volk hatte seine ganze Hoffnung auf die Duma gesetzt. Ihre Auflösung erzeugt im ganzen Reich Unmut und führt zu schweren Unruhen, wie z. B. den Aufständen von Sveaborg und Kronstadt.

Stolypin hat sich oft zum Liberalismus bekannt. Sobald er jedoch an die Macht gekommen ist, gesteht er, daß er keine andere Wahl hat, als den Kurs der vorangegangenen Regierung fortzusetzen.

Die Repressalien gehen weiter. Massenverhaftungen finden statt. Die Züge der Verbannten – aufständische Soldaten und Matrosen, hochmütige Intellektuelle, die voll Verachtung um sich blicken, ausgehungerte und schäbig gekleidete Arbeiter und Bauern, die irgendein Verbrechen begangen haben – sind ein erschütternder Anblick.

Das ist das Bild des systematischen und erbarmungslosen Krieges zwischen den beiden unversöhnlichen Gegnern, der Regierung und der Revolution.

Drei Jahrhunderte lang, von 1613–1913, herrscht die Dynastie der Romanows in Rußland. In Petersburg finden aus diesem Anlaß große Feste statt, auf denen die ganze Welt vertreten ist. →

DIE STAATSMACHT

Die kaiserliche Familie im Jahre 1906. Der tägliche Spaziergang in Zarskoje Selo.

Die Kaiserin und ihre Kinder im September 1906: Alexej (2 Jahre), Maria (7 Jahre), Tatjana (9 Jahre), Anastasia (5 Jahre), Olga (11 Jahre).

Borodino. Im September 1912 versammeln sich Russen und Franzosen auf dem großen Schlachtfeld. Ein Jahrhundert zuvor marschierte Napoleons Armee in Rußland ein.

Eine musikalische Soirée bei dem berühmten Kunstkritiker Stassow in Petersburg.

Anläßlich der Dreihundertjahrfeier der Dynastie weiht Nikolaus II. das „Haus des Volkes" ein, das auf seine Anregung entstand.

Versammlung der Großgrundbesitzer. Sie bestimmen ihre Kandidaten für die Wahlen am 2. März 1907.

DIE STAATSMACHT

Der Zar trägt offiziell den Titel eines Alleinherrschers über ganz Rußland. Er herrscht über die drei Gesellschaftsgruppen:
a) den Erbadel,
b) die Beamten,
c) das Volk.

Die Herrschaft des jungen Kaisers Nikolaus II. beginnt unter schlechten Vorzeichen. Bei seiner Krönung im Jahre 1894 geriet die riesige Menschenmenge, die die Feierlichkeit miterleben wollte, in Bewegung, wobei einige tausend Menschen umkamen.

Nikolaus II. ist sanft, gutmütig, intelligent, aber beeinflußbar. Die schreckliche zaristische Ordnung wird von ihm als eine Pflicht verstanden. Er ist in göttlichem Respekt vor dem Absolutismus erzogen. Er akzeptiert aber auch andere Regierungsformen, denn er spricht mit Sympathie und Bewunderung von den westlichen Demokratien.

Er glaubt, daß sein Land noch nicht reif für die Freiheit ist. Der Rausch der Freiheit würde ihm schlecht bekommen.

Sein Auftreten bekräftigen diese strengen politischen Auffassungen. Sein Leben verläuft nach einem genauen Plan. Sein Tagesablauf wird nach einem Programm, das er genau befolgt, in Arbeit, Spaziergang und Mahlzeiten eingeteilt.

An der Spitze des Reiches zu stehen, jeden Tag Audienzen zu gewähren, eine Vielzahl von Berichten über Tumulte und Unruhen anzuhören, – all das läßt in ihm ein Gefühl der Resignation aufkommen. Wie kann man eine solche Aufgabe bewältigen, ohne in Routine zu verfallen.

Die Regierungsgeschäfte erlegen dem Zaren ein immenses Arbeitspensum auf. Die Arbeitsfülle, die mit der höchsten Staatsmacht verbunden ist, verwandeln den selbstherrlichsten Monarchen schließlich in einen Unterzeichnungsautomaten.

Das Hofleben läuft mit all seinen Verpflichtungen, Militärparaden, religiösen Zeremonien weiter.

Kurze Zerstreuung von den Sorgen des Alltags findet der Zar in den stillen Freuden des Familienlebens. Nikolaus II. hat für seine vier Töchter eine zärtliche Zuneigung, aber seine Fürsorge gehört vor allem dem Zarewitsch (Thronfolger), diesem so sehnlich gewünschten Sohn, der an Hämophilie leidet.

Graf Leo Tolstoj reitet aus. Er ist stets so einfach gekleidet wie seine Bauern. Das weiße Hemd trägt er über der Hose, und auf dem Kopf hat er eine Leinenmütze. In der Hand hält er einen grünen Zweig. →

LEO TOLSTOJ

Jasnaja Poljana. Leo Tolstoj und seine Schwester gehen essen.

Tolstoj beim Pflügen.

TOLSTOJ (1828–1910)

Nachdem er das große Leben in St. Petersburg kennengelernt hat, zieht sich Tolstoj auf sein Gut in Jasnaja Poljana zurück.

Er schreibt, widmet aber den größten Teil seiner Zeit philanthropischen Aktivitäten, wie der Leitung von Schulen und Hilfskomitees.

Er scheut sich nicht vor körperlicher Arbeit. Er beackert das Land und macht sich seine Stiefel selbst. Die Probleme des russischen Volkes liegen ihm am Herzen. Er wünscht seinem Volk absolute Gerechtigkeit und Solidarität.

Einige seiner Schriften haben einen prophetischen Charakter. Nach der Revolution von 1905/06 schreibt er:

„Die Revolution in Rußland ist noch nicht vorbei. Der riesige Staat ist erschüttert und zerfällt von selbst. Er ist wie ein Tempel, dessen Grundfesten schwanken und der erst vollständig zerstört werden muß, damit er danach Stein auf Stein wieder aufgebaut werden kann. Aber das erfordert viel Zeit, und es ist wohl möglich, daß wir nicht genügend Steine haben, um ihn wieder aufzubauen.

In der Revolution haben drei Arten von Menschen ihre Qualitäten und Fehler offenbart:

1. Die Konservativen, die Frieden und die Fortdauer ihres angenehmen Lebens wünschen und keinerlei Veränderungen wollen. Ihr Fehler ist der Egoismus, ihre Qualitäten sind Bescheidenheit und Demut.

2. Die Revolutionäre, die Veränderungen anstreben, haben die Unverfrorenheit, entscheiden zu wollen, welche Veränderungen nötig sind. Sie schrecken weder vor Gewalt zurück noch fürchten sie Entbehrungen und Leiden, um ihr Programm zu verwirklichen. Die Fehler dieser Leute sind ihre Unverfrorenheit und ihre Grausamkeit, das Positive an ihnen ist die Energie und die Bereitschaft, für die Erreichung ihres Zieles zu leiden, das für sie das Glück der Menschheit ist.

3. Die Liberalen haben weder die Demut der Konservativen noch die Opferbereitschaft der Revolutionäre, aber sie haben den Egoismus, den Wunsch nach Ruhe der ersteren und die Selbstsicherheit der letzteren.

Nikolaus II. nimmt eine Truppenparade ab. „Es lebe der Zar!" rufen mehrmals mit Begeisterung die Tausende von jungen Männern, die von Kriegsabenteuern träumen. →

1914-1916
DER HEILIGE KRIEG

Soldaten bei der Ausbildung.

Der Thronfolger, Großfürst Alexej, und seine Kameraden beim Soldatenspiel im Generalhauptquartier. Krieg ist das Lieblingsspiel des Zarewitsch. Er beherrscht die militärische Sprache wie ein echter Soldat und sein größtes Vergnügen ist es, seine kleinen Kameraden exerzieren zu lassen.

Der Zar besucht die Putilow-Rüstungsfabriken bei Petrograd.
(Der germanisch klingende Name Petersburg wurde im ersten Weltkrieg durch den slawisch klingenden Petrograd ersetzt.)
Der Zar ist persönlich gekommen, um den Arbeitern für ihren Beitrag zum Krieg zu danken.

Der Zar ist überall: Beim Truppenappell . . .

. . . an der Front . . .

. . . in der Festung Iwangorod.
Die Garnison der Festung hat den Feinden heldenhaft Widerstand geleistet und drei Großangriffe abgeschlagen.

Ein ersehnter Augenblick: Das Essen wird ausgeteilt.

General Lochwitzkij kostet die Suppe der Soldaten.
Er ist voller Zuversicht und Hoffnung. Der General glaubt, daß er gute und tapfere Soldaten hat.
„Der Krieg wird mit dem Herzen geführt", pflegt er zu sagen.

Ein Papagei sagt den russischen Soldaten die Zukunft voraus. Offenbart er ihnen, was ihrem Lande alles bevorsteht?

Sie singen immer nach dem Kampf, sie singen und ihre Müdigkeit ist verflogen.
Diese Männer vom Lande fühlen sich auf dem rotbraunen, herbstlichen Boden wohl, der sie an zu Hause erinnert.

Ein Sturmtrupp wartet auf das Signal zum Angriff. Die Befehle werden von einem Ende des Schützengrabens zum anderen weitergegeben. Plötzlich ertönt der Ruf: „12. Kompanie nach vorn!" Das ist der Angriff!

Die russische Infanterie überklettert die Brustwehr der Schützengräben und greift die deutschen Stellungen an: „Wperjod, towarischtschi!" (Vorwärts, Kameraden!).

Soldaten leisten Erste Hilfe, bevor die Ambulanz kommt.

Im Morgengrauen greifen die Deutschen mit Gas an. Luftaufnahme von einem russischen Doppeldecker.

Gefallen für „Matjuschka Rossija" (Mütterchen Rußland).

Heldenbegräbnis: letzte Absolution und Gesang „Zum ewigen Angedenken".

Vor dem Kampf leisten die Solaten vor Gott den Eid. Der Priester segnet sie: „Spassi, gospodi, ljudi Tvoja i blagoslovi dostojanie Tvoje!" (Schütze, o Herr, Dein Volk und segne alles, was Dein ist!).

Generalhauptquartier.
Fürst Lwow, Vorsitzender des Kriegsrates, General Alexejew und Kriegsminister Gutschkow.

Der Winterfeldzug 1916 in Armenien. Generalstab der Vierten Kaukasischen Jägerdivision. Rußland hat sich – ebenso wie die westlichen Staaten – auf einen langen Krieg eingerichtet. Mut und Begeisterung lassen nach. Was wird im Jahre 1917 geschehen?

1914–1916 DER HEILIGE KRIEG

Die Russen gehen sehr schnell des Vorteils verlustig, den sie durch die Erfolge vom Herbst 1914 und Frühjahr 1915 errungen haben. Wenn sie Polen, Litauen und die Hälfte der baltischen Provinzen aufgeben müssen, so nicht deshalb, weil es ihnen an Soldaten fehlt.

Es fehlt an Waffen, — Kanonen, Gewehren, Munition, Maschinengewehren.

Gewöhnlich wird ein Rückzug von der Artillerie gedeckt. Für ihren Rückzug hat die russische Infanterie nichts als ihre Bajonette. Dieser mehrmonatige Rückzug vor einem viel besser ausgerüsteten Feind beweist am besten den Mut, die Ausdauer und die Disziplin der russischen Truppen.

Die Verantwortlichen hatten einfach „vergessen", daß sie mit den in der Friedenszeit angesammelten Reserven keinen langen Krieg führen können. Sie hatten Bergleute und Metallarbeiter, wie alle anderen Männer der Arbeiterklasse, zum Wehrdienst einberufen und dadurch die Produktionskraft der Industrie stark geschwächt. Viele Monate sind nötig, um die Produktion wieder auf den Vorkriegsstand zu bringen.

Japan stellt Rußland sein Industriepotential zur Verfügung. Die Vereinigten Staaten erhalten beträchtliche Aufträge. Frankreich und England schicken Material.

Allerdings werden die Grenzen ausschließlich für die Lieferung von Kriegsmaterial geöffnet; die Bevölkerung bleibt auf das angewiesen, was das eigene Land hergibt. Im Februar 1916 kommt es in den großen Städten zu Versorgungsschwierigkeiten, und der Unmut des Volkes wächst.

Trotz allem bleiben die russischen Soldaten das, was sie immer waren: zäh, opferwillig und bereit, für ihr Vaterland zu leiden und zu sterben.

Bis Ende 1916 bezeugt der russische Soldat seinen Respekt vor den Vorgesetzten. Der Vorgesetzte darf ihn duzen und mißhandeln. Der Soldat zittert vor seinem Korporal. Wenn ein General vorbeigeht, nimmt er im Abstand von drei Schritten voll von Respekt und Angst Haltung an. Der Soldat wird von fast allen öffentlichen Orten, wie Cafés, Restaurants und sogar Parks, verbannt. Mitunter kann man Schilder mit der Aufschrift „Zutritt für Soldaten und Hunde verboten!" lesen. Der Soldat hat seine besonders Sprache, die das Reglement vorschreibt. Er darf nicht „ja", sondern muß „Zu Befehl" sagen; der Ausdruck „ich weiß nicht" kann ihn vors Kriegsgericht bringen, es muß richtig heißen „ist mir nicht bekannt".

Und plötzlich stürzen einige tausend dieser mutigen und treuen Männer, die der strengsten Disziplin unterworfen sind, auf das Signal der Revolutionäre in den Städten mit einem Handstreich den ganzen zaristischen Apparat und errichten in diesem Land von 180 Millionen Einwohnern ein neues Regime.

DER EXODUS DER POLEN

Die Karren der polnischen Emigranten.

Exodus: der Aufbruch.

Auf dem Wege.

Rast auf einer schier endlosen Flucht. Flüchtlingshütte in einem Wald in Wolhynien.

In Moskau. Stundenlanges Schlangestehen für Lebensmittel.

Verteilung von Suppe an die Polen.

DER EXODUS DER POLEN

Die Armeen des Zaren wollen einen Krieg in der Art von Kutusow, dem Besieger Napoleons, führen. Sie glauben, die Deutschen dadurch aufhalten zu können, daß sie sich zurückziehen und dem Gegner verbrannte Erde ohne Menschen zurücklassen.

Auf Befehl des russischen Militärbefehlshabers verlassen die Polen massenweise ihr Land, damit die verschiedenen Armeen es in eine Wüste verwandeln können. Ganze Dörfer werden evakuiert. Mit dem Priester und dem Gemeindevorsteher an der Spitze schließen sie sich dem Flüchtlingstreck an. Ein Zug ohne Anfang und Ende bewegt sich, in Staub gehüllt, durch die Landschaft. Menschen aus den verschiedensten Gegenden ziehen mit ihren Wagen vorbei. Das Dorf, das zuletzt auf den Weg geschickt wird, muß warten, bis sich die Reihen etwas lichten, damit es sich anschließen kann. Manche warten bis zu zwei Tagen, bis sie sich einfügen können.

Die Völkerscharen, die sich in Sprache und Brauchtum unterscheiden, suchen Zuflucht in einer neuen Heimat. Eines Tages, nach einer langen Fahrt, werden sie mit ihrem Karren an einem unbekannten Ort bleiben. Hilflos und ratlos müssen sie sich, ob sie wollen oder nicht, in einer fremden Zivilisation, in der ihre Sprache nicht verstanden wird, zurechtfinden.

Die Flüchtlingsströme, die aus Zehntausenden von Menschen bestehen, lassen sich in den großen russischen Städten (Petrograd, Moskau, Kiew), aber auch in Provinzorten und sogar in sibirischen Dörfern nieder.

Barrikaden auf dem Litejnyj-Prospekt in Petrograd. Der Krieg geht bereits drei Jahre. Die Russen haben zahlreiche Niederlagen erlitten. Die Entbehrungen, die der Krieg für die Bevölkerung mit sich bringt, führen zum Aufruhr. →

FEBRAUR 1917

Die Regierung des Zaren ist abgesetzt. Die Minister sind verhaftet und befinden sich im Taurischen Palast.

Die neue nationale Polizei, die „Miliz".

Ein Wagen mit bis unter die Zähne bewaffneten Milizionären patrouilliert im noch nicht eroberten Teil der Stadt. Aus einem Fenster wird geschossen. Während die Passanten sich in Deckung bringen, erwidert die Miliz das Feuer.

Die kaiserlichen Embleme schmücken die Präsidententribüne der Duma.

Ein neues Regime, neue Kulissen. Portrait und Reichsadler sind entfernt.

Sie sind in den Fontanka-Kanal geworfen. Mit fieberhafter Eile beseitigt man alle Reste der Vergangenheit, als ob es gälte, für die Zukunft Platz zu schaffen.

Die Wut der Revolutionäre richtet sich gegen den Adel und gegen zarenfreundliche Großbürger. Ihre Wohnungen werden geplündert. Bilder bleiben stets verschont, weil man vor ihnen denselben Respekt hatte wie vor den heiligen Ikonen.

Der Justizpalast in Flammen.

Am Katharinen-Kanal werden die Polizeiarchive verbrannt.

„Krieg bis zum siegreichen Ende!" proklamieren die Kadetten.

„Ruhm den Frauen, die für die Freiheit kämpften!" rufen die Frauen.

Kadetten, Offiziersanwärter, Frauen, – alle strömen sie zur Duma, um dem neuen Regime ihre Unterstützung zu bekunden.

Zivilisten und Armee drängen sich im Taumel des Augenblicks vor der Duma, der Seele der Revolution, um die Abgeordneten zu unterstützen, die die Abdankung des Zaren gefordert haben.

„Es lebe die Volksbildung". Selbst Kinder demonstrieren.

FEBRUAR 1917

Die schweren Unruhen führen Ende Februar 1917 zum Sturz des Regimes. Dazu trugen vor allem zwei Faktoren bei: das ständig gespannte Verhältnis zwischen dem Zaren und den von ihm selbst geschaffenen demokratischen Einrichtungen sowie die schwere Krise, in die der Weltkrieg das Land gestürzt hatte.

Die Krise in der Lebensmittelversorgung, die Rußland weit stärker als die anderen alliierten Länder trifft, ruft eine gewaltige Gärung im Volk hervor.

Petrograd leidet besonders stark unter ihr. Am Freitag, dem 24. Februar (9. März) bricht der Volksaufruhr los. Demonstrationszüge bilden sich in den Straßen. „Wir wollen Brot!" rufen die Demonstranten. Die Bäckereien werden geplündert.

Ein Generalstreik wird beschlossen. Spontane Versammlungen finden statt und zum ersten Male werden revolutionäre Lieder in aller Öffentlichkeit gesungen.

Am Sonntag wird durch Plakate – die Zeitungen haben ihr Erscheinen eingestellt – bekanntgegeben, daß die Duma aufgelöst ist. Aber die Nationalversammlung fügt sich nicht dem Beschluß des Zaren und entschließt sich zum Widerstand.

Kurz nach drei Uhr wird Befehl zur Räumung der Straße gegeben. Das Volk ist jedoch nicht zu bändigen, und Straßenkämpfe beginnen, die bis zum Donnerstag, dem 16. (29.) März fortdauern.

Die Regierung verläßt sich auf die Treue der Armee. Aber seit den ersten Tagen der Unruhen zeigt sich, daß zwischen Armee und Volk keine Feindschaft besteht. Die Soldaten verweigern den Befehl und ein Regiment der Petrograder Garnison nach dem anderen schließt sich der Revolution an.

Allein die Polizeitruppen schützen bis zum Ende den schwankenden Thron. Sie tun das mit unerbitterlicher Entschlossenheit. Von Mansarden, Dächern und anderen geeigneten Stellen feuern sie in die Massen.

Am 2. (15.) März wird es in Petrogard wieder ruhiger. Die Duma wird der Sitz einer eilig gebildeten Regierung unter dem Namen Exekutivkomitee der Staatsduma. Sie besteht aus den wichtigsten Männern aller parlamentarischen Fraktionen.

Der Favorit der Soldaten ist der Sozialrevolutionär Kerenskij, der Justizminister im Kabinett des Fürsten Lwow wird.

Rodsjanko, Miljukow, Kerenskij, Schalgin und Gutschkow überzeugen mit ihren Reden. Den Vorrang haben die Neuorganisierung der Staatsmacht und der Sieg über Deutschland.

Großfürst Nikolaj telegrafiert aus dem Kaukasus an den Präsidenten der Duma, daß er – in Übereinstimmung mit General Alexejew – vom Zaren die „einzig richtige Entscheidung" fordert, die das Land retten kann. Das ist die Abdankung. Nikolaus II. unterzeichnet sie in der Nacht vom 2. zum 3. (15. zum 16.) März im Armee-Hauptquartier in Pskow.

Vor den Gräbern stehen die Regierungsmitglieder mitten unter dem Volk. →

DIE BEISETZUNGEN

Weißgardisten auf Patrouille.

Ein Leichenzug. Die Soldaten marschieren in gewohnter Disziplin.

An mehreren Stellen der Stadt werden die in den Straßen herumliegenden Toten in Reihen nebeneinander gelegt.

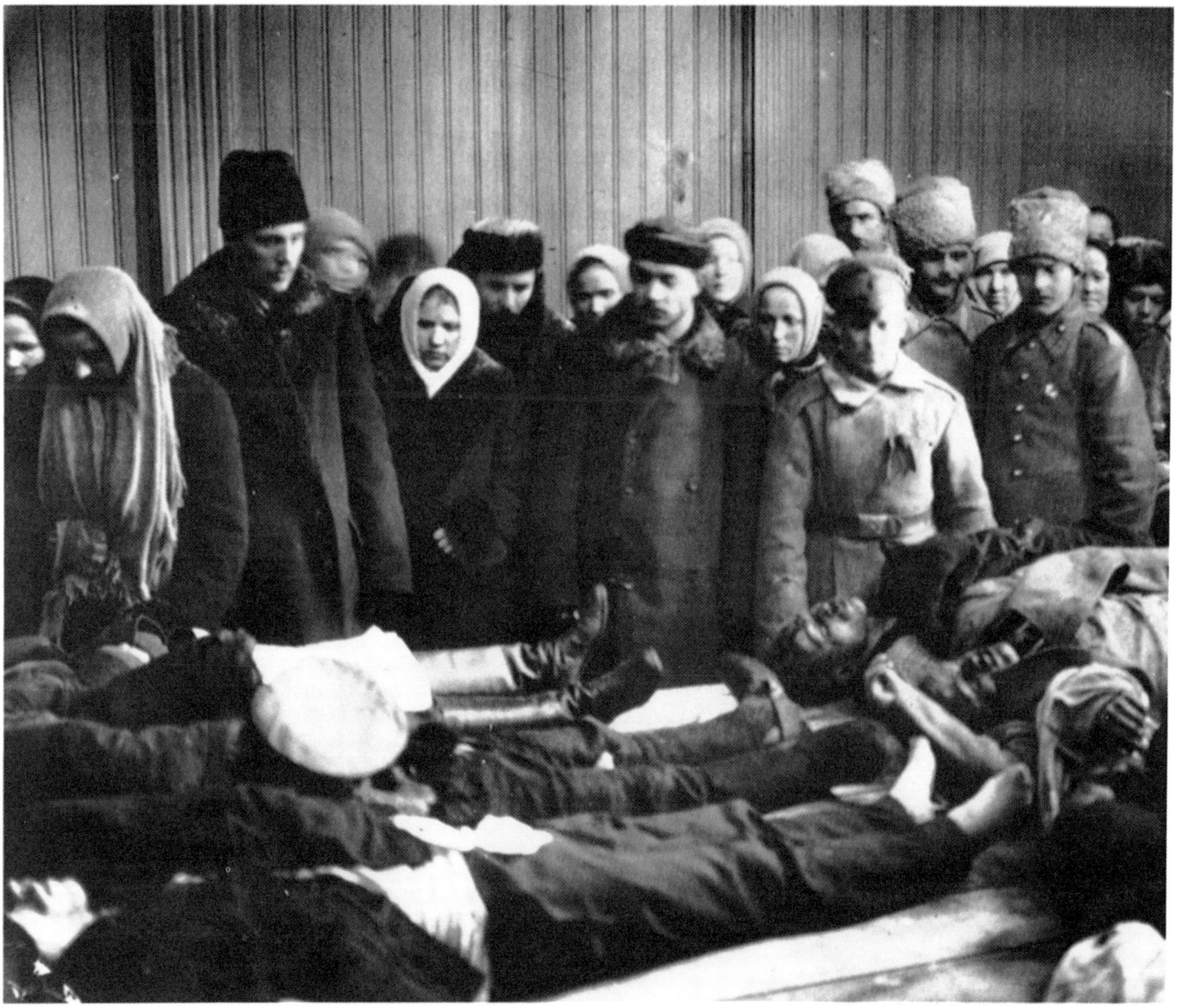

Im Leichenschauhaus. Jede Familie sucht nach Angehörigen unter den Opfern der Revolution.

Auf dem vereisten Marsfeld müssen die Gräber mit Dynamit und Spitzhacken ausgehoben werden.

Odessa. Wie in allen anderen Großstädten des Reiches werden nach Beendigung der Straßenkämpfe die Toten aller Parteien gemeinsam zu Grabe getragen.

In Goldbuchstaben auf rotem Grund steht auf dem gemeinsamen Kranz zu lesen: „Seid stolz, gefallene Kämpfer, Rußland vergißt euch nicht!"

DIE BEISETZUNGEN

Anfang April begräbt die russische Revolution ihre Opfer und ihre Helden. Mehr als fünfzehn Stunden lang geben eine Million Menschen – Männer, Frauen und Kinder, ein Drittel aller Einwohner Petrograds – ernst und feierlich den Toten der Märzkämpfe das Geleit zur letzten Ruhe.

In den endlosen Zügen mit Fahnen, Losungen und Kirchenbannern werden selbst die Särge zu Standarten und Symbolen. Mit rotem Stoff bezogen, rot wie Blut, künden sie vom Sturz des Zaren und der Geburt einer neuen Welt.

Kirchengesänge und Gebete werden häufig von der Marseillaise, dem beliebtesten Revolutionslied, übertönt.

An den offenen Gräbern zieht ganz Rußland vorbei, – Arbeiter, Studenten, Soldaten der Petrograder Garnison und von der Front. Alle Berufe und ethnischen Gruppen sind vertreten.

Die Menschen ziehen in Achtzehner-Reihen vorüber und rufen immer wieder: „Es lebe die Freiheit! Es lebe die demokratische Republik! Es lebe die konstituierende Versammlung! Es lebe das allgemeine Wahlrecht! Ruht in Frieden, Kämpfer für die Freiheit, ihr habt Ruhm und ewige Ruhe verdient! Rußlands Freiheit ist in Blut geboren!"

„Die deutsche Kavallerie ist durchgebrochen!" Dieser Schrei eines Provokateurs führt zu einer allgemeinen Panik. Die Soldaten werfen ihre Waffen weg und fliehen. →

KRIEG ODER FRIEDEN

General Kornilow tritt an die Stelle von General Brussilow im Oberkommando der Armee. Er versucht, Kerenskij zu stürzen, doch ohne Erfolg.

Am 3. (16.) Juli unternehmen die Bolschewiken einen ersten Staatsstreichversuch. Mit Panzerwagen kommen Bolschewiken aus der Sadowaja und schießen in die Straße. Die Demonstranten fliehen entlang des Newskij-Prospekts.

Ein ungewohnter Anblick: Bewaffnete Soldaten im Lesezimmer der Duma.

Ein treuer russischer Soldat bedroht zwei Deserteure mit dem Gewehrkolben.

Albert Thomas, der französische Rüstungsminister, ermutigt die Regimenter an der russischen Front: „Offiziere und Soldaten, im Namen der Regierung der französischen Republik grüße ich euch. Ihr seid die große revolutionäre Armee des freien Rußlands!"

„Die Offensive wird Rußland retten." Diese Devise setzt Kerenskij gegen die der Bolschewiken: „Soldat, kämpfe nicht, du läßt dich unnütz verwunden oder töten. Dabei brauchst du nur nach Hause zu gehen und das Land der Reichen in Besitz zu nehmen."

Katharina Breschko-Breschkowskaja, die Großmutter der Revolution. In jungen Jahren nach Sibirien deportiert, wird sie von Kerenskij befreit.

Ein Beispiel für die große Popularität Kerenskijs. Das Auto des jungen Politikers bleibt in einer riesigen Menschenmenge stecken. Er kehrt von der Front nach Petrograd zurück, nachdem er am 1. Juli 1917 eine Großoffensive gestartet hat.

Ein bolschewistischer Soldat wendet sich an die Menge: „Die Offensive bedeutet den Tod. Wozu brauchen wir dann noch Land oder Freiheit?"

Die ersten roten Garden. Während der Februarrevolution holten sich die nationale Miliz und die bolschewistischen Arbeiter Waffen aus den Arsenalen. Trotz wiederholter Appelle der Regierung weigern sie sich jetzt, sie zurückzugeben.

Am 6. November 1917 betritt Kerenskij zum letzten Male die Tribüne des Vorparlaments. Ein verbrauchter Mann wendet sich hier an die Parlamentarier. Er weiß, daß die russische Revolution jetzt erst beginnt.

Die Regierung wird nur noch von kleinen Gruppen, wie den Kriegsversehrten, unterstützt. Die Kriegsblinden tragen ein Transparent, dessen Text ebenso ergreifend wie lächerlich ist: „Krieg bis zum vollständigen Sieg. Es lebe die Freiheit!"

KERENSKIJS POPULARITÄT

Als neuer Kriegs- und Marineminister beginnt Kerenskij seine Amtstätigkeit mit einer Reise an die Front. Er wird von Albert Thomas, dem französischen Rüstungsminister, begleitet.

Beide sind überzeugte Patrioten und glänzende Redner. Mit glühenden Worten setzen sie sich für die Fortführung des Krieges ein. Ihre Parole lautet: „Vorwärts!"

Die bolschewistische Ideologie, von Lenin und seinen Mitarbeitern geprägt, verdammt den Krieg, der für sie unter dem neuen wie unter dem alten Regime ein Raubzug ist, der von bürgerlichen Regierungen geführt wird.

Es sei die Sache der Arbeiter, diesem Brudermord mit seinen eigenen Waffen ein Ende zu setzen. Unterstützt von der Propaganda deutscher Agenten gelingt es den Bolschewiken, ganze Regimenter von ihren Ansichten zu überzeugen.

Nach der Februarrevolution beharrt Lenin trotz des Sturzes des Zaren auf den Forderungen, die von seiner Partei am 20. März 1915 in Bern gestellt wurden:

1. Verbrüderung an der Front und im Inneren;
2. Ablehnung der Kriegskredite;
3. Verwandlung des imperialistischen Krieges in einen Befreiungskrieg nach dem Muster der Pariser Commune, dem einzigen historischen Ereignis dieser Art.

Lenin trifft am 3. (16.) April 1917 auf dem Finnischen Bahnhof in Petrograd ein. Zwei Wochen später unterbreitet er dem Sowjet sein Programm: „Sozialisierung des Landes, Beendigung des Krieges und Übergabe der Macht an die Sowjets.."

Übergangsschwierigkeiten mißt Lenin keine große Bedeutung bei. Ebenso löst er Probleme, wie den Widerstand der begüterten Klassen, mit einer Handbewegung. „Von den Kapitalisten müssen 50 verhaftet werden, wie es schon mit dem Zaren getan wurde. Es gibt keine andere Lösung der wirtschaftlichen Probleme. Verhaftungen, Aktionen, sofortige Aufteilung des Landbesitzes, sofortiger Friedensschluß, die sofortige Errichtung der Commune!" Diese Worte Lenins vor den Sowjets bedeuten den Bürgerkrieg.

Kerenskij spürt die Gefahr und ist beunruhigt, denn es wird immer schwerer für ihn, seine Ansichten durchzusetzen. Er unternimmt noch mehr Reisen und hält noch mehr Reden vor dem Volk und der Armee.

Den Bolschewiken wird er offensichtlich lästig. Er soll beseitigt werden. Anfang Juli wird der Versuch eines Staatsstreiches unternommen.

PETROGRAD AM 2. (16.) JULI 1917
DER BÜRGERKRIEG

Gegen 19 Uhr treten die Arbeiter in den Streik. In der Truppe und den extremistischen Parteien, den Anarchisten und Bolschewiken, nimmt die Unruhe plötzlich zu. Auf der Wyborger Seite, wo die kommunistischen Reservisten wohnen, werden Kundgebungen gegen die Regierung organisiert.

Gegen 20 Uhr werden die Arbeiter von Soldaten aufgefordert, zur Duma zu gehen. Andere gehen zum Warschauer Bahnhof, um Kerenskij festzunehmen, der eine Viertelstunde zuvor in Richtung Front aufgebrochen ist.

Zwischen 21 und 22 Uhr marschieren mehrere Regimenter über den Litejnyj-Prospekt und schreien: „Nieder mit Kerenskij!"

Wenig später fallen Schüsse. Panzerwagen werden eingesetzt, um „die Konterrevolution zu ersticken". Die von Panik ergriffene Menge weicht zurück und sucht durch die Seitenstraßen den todbringenden Kugeln zu entkommen.

Am 3. (16.) Juli herrschen immer noch chaotische Zustände, – Anarchie, Zersetzung und Mord.

Plötzlich gegen 14 Uhr beginnen auf dem Newskij-Prospekt Bolschewiken ohne ersichtlichen Grund aus einem Auto wahllos in die Menge zu schießen. Es gibt zahlreiche Tote und Verletzte.

Um 16 Uhr zieht eine große Demonstration durch die Sadowaja. Ein Detail möge genügen, um die Verwirrung der Menge zu beschreiben: Neben den Transparenten der Bolschewiken wenden sich andere gegen einen Separatfrieden mit Deutschland.

Matrosen, Arbeiter und Soldaten nehmen Passanten fest, die ihnen verdächtig erscheinen, nehmen Hausdurchsuchungen vor und schießen wild um sich, ohne zu wissen, warum und gegen wen. So liegen auf dem Litejnyj-Prospekt schließlich etwa 170 Tote.

Einige Offiziere beschließen einzuschreiten, als sie mit Entsetzen feststellen müssen, daß sich Petrograd in den Händen der Anarchisten und „Banditen" befindet. Dieser kleinen, beherzten Truppe gelingt es recht schnell, die Ordnung wiederherzustellen, denn die Demonstranten handeln unorganisiert.

Am 5. (18.) Juli sind die Aufständischen entwaffnet. Das ist eine Niederlage für die Bolschewiken, Lenin muß fliehen, Trotzki bleibt, muß aber ins Gefängnis.

In Moskau werden auf Befehl der kommunistischen Regierung Denkmäler zerstört. Die Petrograder Zeitung „Wetschernij tschas" wird zu 20000 Rubel Strafe verurteilt, weil in ihr darüber ein Artikel unter der Überschrift „Mixed pickles aus Denkmälern auf Moskauer Art" erschien. →

Der bolschewistische Staatsstreich. Der Panzerkreuzer „Aurora" kommt aus Kronstadt, um den Winterpalast zu beschießen.

Die letzten Tage der Regierung Kerenskij. Offiziersanwärter erwarten den Angriff der Bolschewiken. Keiner von ihnen wird dem gnadenlosen Massaker der Matrosen und lettischen Schützen entkommen.

Zu den Verteidigern des Winterpalastes gehört ein Frauenbataillon. Die letzten Minuten vor dem bolschewistischen Ansturm.

Pässe und Ausweise werden kontrolliert. Man traut niemandem mehr.

Das Smolnyj-Institut,

Hauptquartier der Revolutionsregierung.

Panzerwagen der Roten Armee.

OKTOBER 1917

Auf einer Sitzung am 21. Oktober (3. November) sprechen sich Lenin und Trotzki für eine sofortige Aktion aus.

Der Staatsstreich wird systematisch und in aller Offenheit vorbereitet. Einer der bolschewistischen Führer nennt sogar den Tag, für den er geplant ist, den 25. Oktober (7. November).

Am 24. Oktober (6. November) werden die letzten Vorbereitungen getroffen. Das Smolnyj-Institut, das Hauptquartier der Bolschewiken, wird in eine Festung verwandelt. In den Fenstern werden Maschinengewehre aufgestellt, an den Toren Wachen postiert.

Die Bolschewiken haben aus dem Staatsstreich gegen das zaristische Regime, der einige Monate zuvor stattfand, ihre Lehren gezogen.

Sie besetzen nacheinander alle wichtigen Punkte der Hauptstadt, – die Bahnhöfe, die Peter- und Pauls-Festung, die Staatsbank, die Druckereien der bürgerlichen Presse und das Telegrafenamt. Innerhalb weniger Stunden ist die Stadt in ein Niemandsland verwandelt. Ohne Nachrichtenverbindungen, ohne Zugang zu den Geldreserven ist die Stadt hilflos dem bewaffneten Proletariat ausgeliefert. Vor Angst gelähmt, kapituliert Petrograd.

Von den Garde- und Kosackenregimentern sind als Verteidiger der Ordnung nur noch einige unerfahrene junge Leute und das Frauenbataillon, das den Winterpalast verteidigt, übrig.

Die Besetzung der Bahnhöfe verhindert die Heranschaffung von Verstärkung.

Um drei Uhr nachmittags leisten nur noch das Vorparlament, der Generalstab und der Winterpalast Widerstand. Zu diesem Zeitpunkt erklärt Trotzki den vollständigen Sieg und Lenin hält seinen Einzug in die eroberte Stadt.

Eine Kompanie des Litauischen Regiments besetzt den Marienpalast. Das letzte Bollwerk des legalen Widerstandes ist der alte Zarenpalast.

Ehe Kerenskij für immer verschwindet, versammelt er noch einmal den Kriegsrat und versucht, einen Gegenangriff zu organisieren. Es erweist sich aber als unmöglich, einen Plan auszuarbeiten. Sein Generalstab kennt weder Zahl noch Stärke der verfügbaren Truppen. Es wird Befehl gegeben, die Brücken zu sperren. Keiner ist da, um den Befehl auszuführen.

Es wird Nacht. Auf der Troizkij-Brücke verfolgt eine große Menschenmenge das traurige Schauspiel.

Der Palast ist in Dunkel gehüllt. Bei jeder Detonation wird er erleuchtet.

Um zwei Uhr morgens dringen unter dem Schutz großer Geschütze Soldaten, Matrosen und Rotgardisten in den Palast.

Die Minister werden verhaftet. An den Offiziersanwärtern und dem Frauenbataillon werden unbeschreibliche Greuel verübt.

Am Tage danach strömen die Sieger zum Smolnyj, um ihrer Genugtuung Ausdruck zu verleihen. Um ins Innere zu gelangen, muß man sich ausweisen und sich einem eingehenden Verhör unterziehen.

Der Sowjetkongreß versammelt sich, um die Machtfrage zu lösen. Die Menge hört, wie Lenin mit heiserer Stimme die Einsetzung einer bolschewistischen Regierung, einen demokratischen Frieden, die Verteilung des Grundbesitzes und die freie Selbstbestimmung des Volkes verkündet.

Alles, was nicht der bolschewistischen Auffassung entspricht, wird als konterrevolutionär und bürgerlich gebrandmarkt. Enttäuscht und besiegt von denen, die sie selbst bei der Ankunft aus dem Exil mit Musik und roten Fahnen begrüßt hatten, verlassen die Gemäßigten den Sowjetkongreß, während der Triumph der ehemaligen Minderheit mit lautem Jubel gefeiert wird.

Innerhalb weniger Monate hat sich die bürgerliche Revolution in eine proletarische verwandelt.

Der Zarewitsch Alexej Nikolajewitsch wird schwer krank. Einige Tage später zwingen die revolutionären Kräfte Nikolaus II. zur Abdankung.

Lenin, der unbestrittene Führer der Revolution, posiert 1920 an einem Danton-Denkmal für einen Propaganda-Film.

DAS ENDE DER ROMANOWS

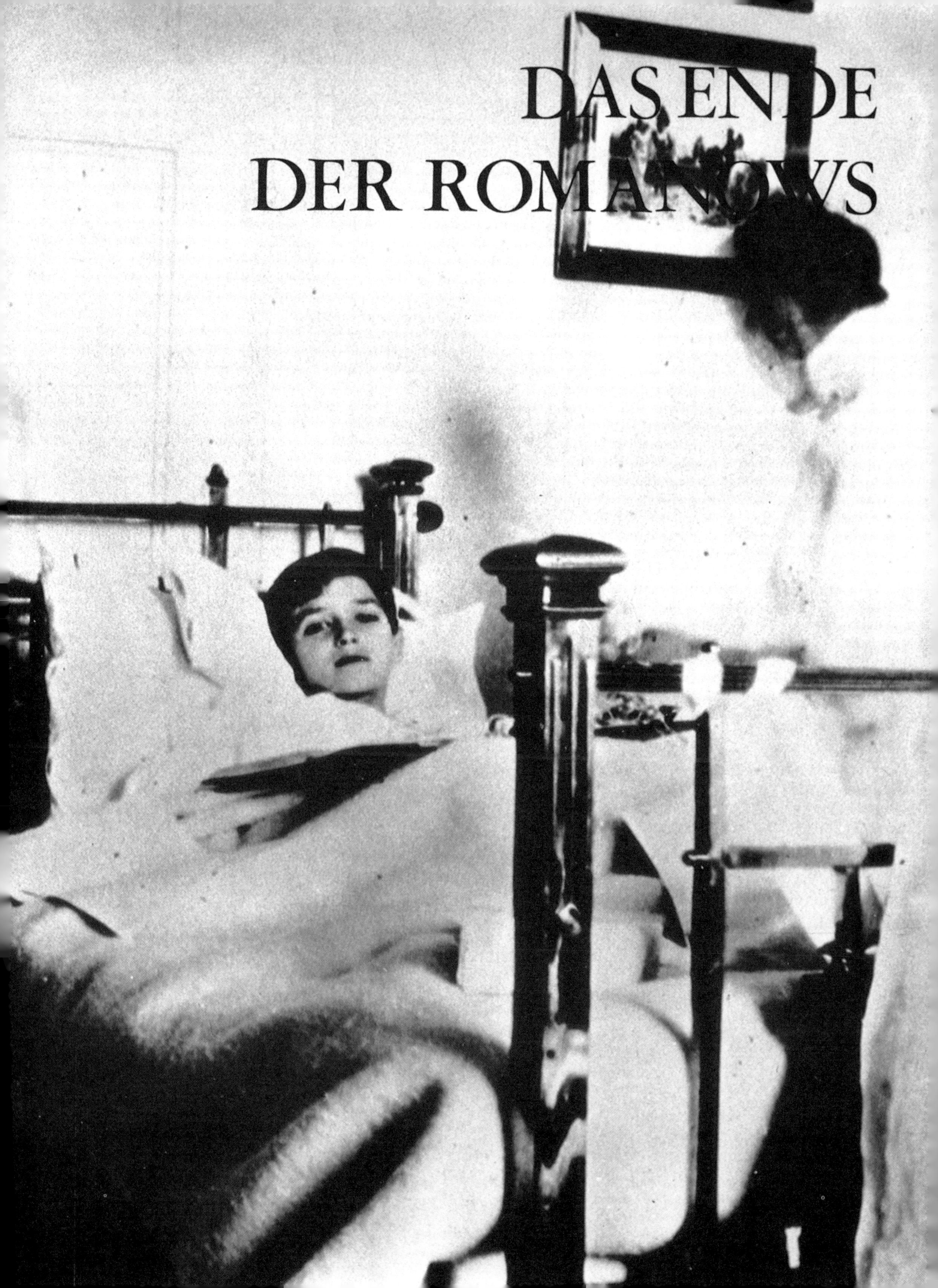

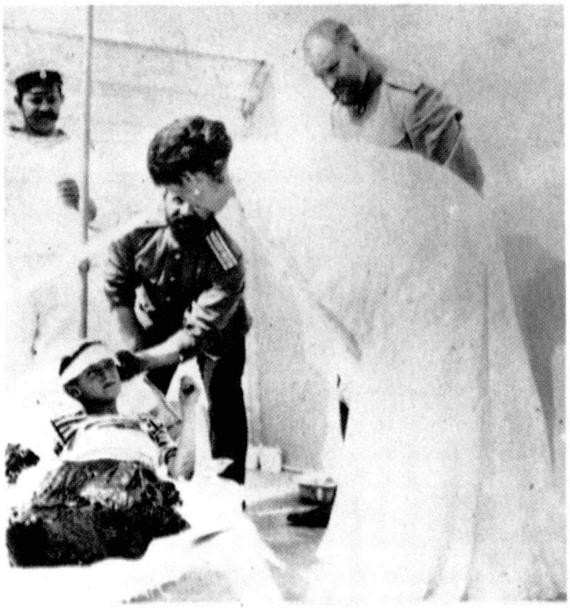

Die Hämophilie des Zarewitsch wird mit Schlammbädern behandelt.

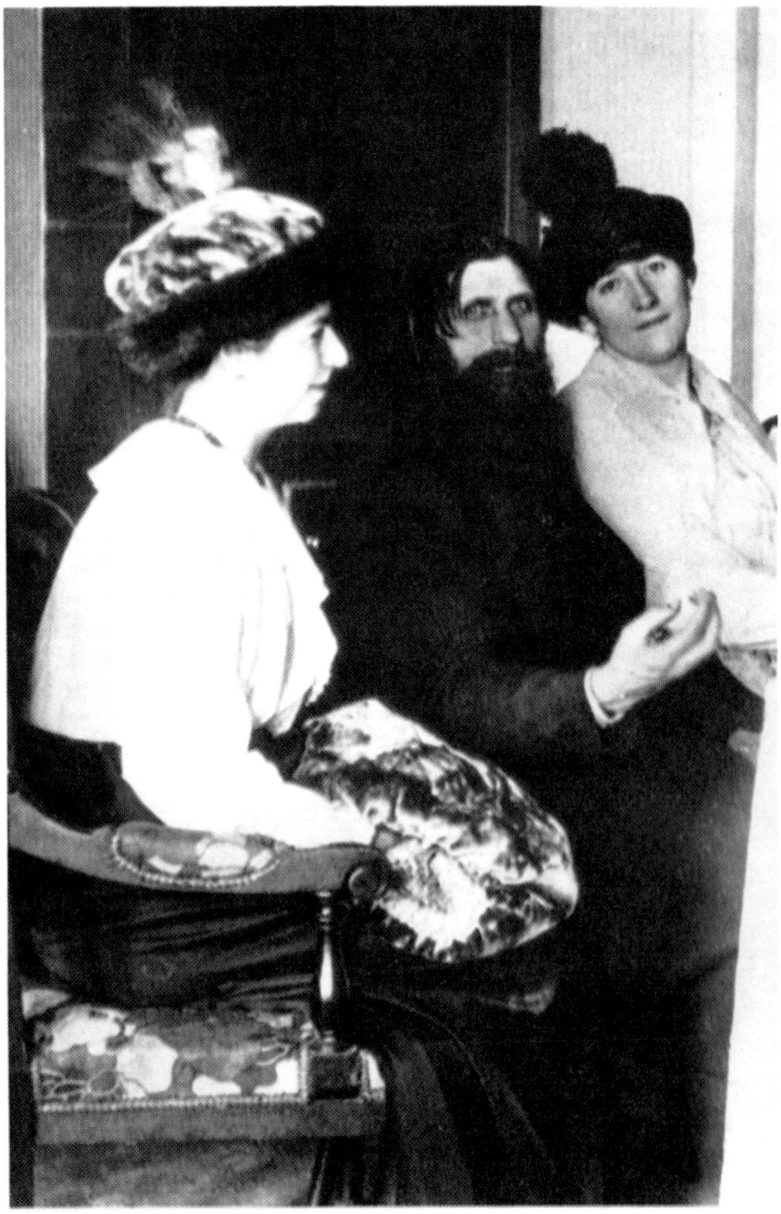

Rasputin, der als der böse Geist Rußlands gilt, wird zu Beginn des Jahres 1917 ermordert.

Grigorij Rasputin, ein fanatischer Mystiker, übt auf die Menschen eine starke psychische Macht aus. Er bringt einige Damen des Hofes in seinen Bann und genießt vor allem die Bewunderung der Kaiserin, die blind seinen Ratschlägen folgt.

Der Zar vor dem kaiserlichen Zug im Hauptquartier. In diesem Zug unterschreibt Nikolaus II. am 2. (15.) März 1917 seine Abdankung.

Die „Rus", das kaiserliche Schiff, das den Zaren und seine Familie im August 1917 von Tjumen nach Tobolsk bringt.

Zarskoje Selo. Zusammen mit seinen Kindern und seinen Mitgefangenen verwandelt der Zar eine Parkwiese in einen Gemüsegarten.

Die Kaiserin-Mutter stickt und schaut zu, wie die Familie im Garten arbeitet.

Tobolsk. Zusammen mit Monsieru Gilliard, dem Erzieher seiner Kinder, sägt der Zar Holz.

Vom September 1917 bis zum April 1918 wird die Zarenfamilie in Tobolsk gefangengehalten. Auf dem Dach des Gewächshauses genießen sie oft die Wärme.

Großfürstin Tatjana trägt zusammen mit einem Soldaten Rasenstücke auf einer Trage.

Der bolschewistische Kommissar Jurowskij ist der offizielle Organisator des Massakers an der Zarenfamilie.

Alexej und seine Schwester an der Grenze des Gebiets, das sie nicht verlassen dürfen.

In diesem Zimmer im Parterre des Ipatjewschen Hauses in Jekaterinburg wurde in der Nacht vom 16. zum 17. Juli 1918 die kaiserliche Familie ermordet.

Das Ende der Dynastie.
Diese beiden Schmuckstücke der Kaiserin, ein smaragdenes Brustkreuz und ein diamantener Anhänger, wurden in der Lichtung von Ganina gefunden, wo die Leichen verbrannt wurden.

Fürst Jussupow, der Mörder Rasputins, in seinem Pariser Modesalon.

Maria Grigorjewna Rasputina, die Tochter Rasputins, verlangt von den Mördern ihres Vaters 25 Millionen Francs. Das Foto entstand in ihrer Pariser Wohnung.

RASPUTINS PROPHEZEIUNG

Rasputin sagte einmal in seinem Freundeskreis: „Sechs Wochen nach meinem Tode wird Alexejs Leben in großer Gefahr sein. Und das Land wird am Rande des Abgrunds stehen."

Keine zwei Monate sind seit dem Mord an Rasputin vergangen, als Alexej Nikolajewitsch schwer krank wird. Rußland erlebt die ersten revolutionären Erschütterungen. Am 2. (15.) März 1917 unterzeichnet der Zar seine Abdankungserklärung.

Die ersten fünf Monate nach der Revolution verbringt die Zarenfamilie als Gefangene der Provisorischen Regierung in Zarskoje Selo.

Im August werden die Romanows nach Tobolsk gebracht. Kerenskij selbst erklärt dem Kaiser die Gründe für die Überführung. Die Provisorische Regierung habe beschlossen, energische Maßnahmen gegen die Bolschewiken zu ergreifen. Es würde voraussichtlich zu Unruhen und bewaffneten Auseinandersetzungen kommen, bei denen die Zarenfamilie zu den ersten Opfern gehören könnte.

Die Haftbedingungen in Tobolsk ähneln denen in Zarskoje Selo. Der Zar und seine Kinder haben alles, was sie zum Leben brauchen. Sie leiden jedoch unter der Einschränkung ihrer Bewegungsfreiheit.

1918

Die Bolschewiken sind an der Macht. In allen Teilen des Landes ist der Bürgerkrieg im Gange.

Im April trifft aus Moskau der Kommissar Jakowlew ein, um eine Überführung der Gefangenen von Tobolsk nach Jekaterinburg zu veranlassen. In dieser Stadt spielt sich dann in der Nacht vom 16. zum 17. Juli 1918 der letzte Akt der Tragödie ab.

Der bolschewistische Kommissar Jurowskij wird von Moskau entsandt, um „sich mit der Zarenfamilie zu befassen".

Am 17. Juli, kurz nach Mitternacht, weckt Jurowskij die kaiserliche Familie. Er versammelt sie in einem Zimmer im Erdgeschoß des Ipatjewschen Hauses und sagt zum Zaren: „Ihre Anhänger haben versucht, Sie zu befreien. Es ist ihnen aber nicht gelungen. Wir sind gezwungen, Sie zu töten." (Die weißen Armeen standen nur 50 km von Jekaterinburg.) Er greift zum Revolver und schießt aus nächster Entfernung auf Nikolaus II., der zu Boden sinkt.

Für die Soldaten, die ihn begleiten, ist dies das Signal. Das Gemetzel beginnt. Jeder der Mörder sucht sich sein Opfer. Jurowskij hat sich den Zaren und den Zarewitsch vorbehalten.

Die meisten der Gefangenen sind sofort tot. Alexej stöhnt noch. Jurowskij gibt ihm den Gnadenschuß mit dem Revolver.

Anastasia ist nur verwundet. Als die Mörder sich ihr nahen, beginnt sie zu schreien. Mit Bajonetten wird ihrem Leben ein Ende gesetzt.

Als alles vorüber ist, nehmen die Kommissare Jurowskij und Medwedjew die Schmucksachen der Toten an sich.

Die Leichen werden in einem Lastwagen zur Lichtung von Ganina gefahren, wo sie verbrannt werden.

Fünf Tage später veröffentlichen die lokalen Zeitungen folgende Erklärung:

BESCHLUSS

des Präsidiums des regionalen Sowjets der Arbeiter, Bauern und Rotgardisten:

„In Anbetracht der Bedrohung von Jekaterinburg, der roten Hauptstadt des Urals, durch tschechische Banden; angesicht der Tatsache, daß der gekrönte Henker dem Tribunal des Volkes entgehen könnte (soeben wurde ein Komplott der weißen Garden zur Entführung der Familie Romanow aufgedeckt), hat das Präsidium des regionalen Sowjets in Ausführung des Volkswillens beschlossen, daß der ehemalige Zar Nikolaus Romanow, schuldig unzähliger Verbrechen am Volk, zu erschießen sei.

Die Entscheidung des Präsidiums des regionalen Sowjets wurde in der Nacht vom 16. zum 17. Juli ausgeführt.

Die Familie des Zaren wurde von Jekaterinburg an einen sicheren Ort gebracht.

Das Präsidium des regionalen Sowjets
der Arbeiter, Bauern und Rotgardisten im Ural

BESCHLUSS

des Präsidiums des Zentralen Exekutivkomitees vom 18. Juli:

Das Zentrale Exekutivkomitee der Arbeiter-, Bauern-, Rotgardisten- und Kosakensowjets, vertreten durch seinen Vorsitzenden, billigt die vom Präsidium des Sowjets des Urals durchgeführte Aktion.

Der Vorsitzende des Zentralen Exekutivkomitees

Diese traurige Nachricht ruft in der ganzen Welt Bestürzung hervor. (Die Öffentlichkeit weiß noch nicht, daß die Familie das Schicksal des Zaren geteilt hat.)

Medwedjew wird von der Weißen Armee gefangengenommen. Er hat dem Geschehen beigewohnt und bestätigt, daß sich alles so abgespielt hat, wie es hier geschildert wurde. Er behauptet, selbst nicht geschossen zu haben.

Nach dem mißglückten Staatsstreich vom Juli mußte Lenin zunächst aus Petrograd fliehen. Erst nach dem erfolgreichen bolschewistischen Umsturz kann er wieder öffentlich auftreten. Auf dem Foto Lenin in Stockholm. →

DIE ROTE REGIERUNG

Januar 1918. Trotzki und die Mitglieder der russischen Delegation werden von deutschen Offizieren zu den Friedensverhandlungen empfangen.

Trotzki ist weniger ein Theoretiker als ein Mann der Tat.
Er ist für eine Annäherung an Deutschland und spricht sich für einen Frieden aus.

Am 15. November 1917 wird in Brest-Litowsk der Friedensvertrag unterzeichnet.
Es kommt zu Verbrüderungen. Ein deutscher Offizier mit seinem Fotoapparat inmitten russischer Soldaten.

Trotzki, der Organisator der Roten Armee, wird später von Stalin zum Volksfeind erklärt.

Trotzki, Volkskommissar für Krieg.

Sinowjew, Vorsitzender des Leningrader Sowjets.

Tschitscherin, Volkskommissar für Auswärtige Angelegenheiten.

Lunatscharskij, Volkskommissar für Volksbildung und Kunst.

Kalinin, einer der Führer des Petrograder Sowjets.

Swerdlow, Vorsitzender des Zentralen Exekutivkomitees.

Alexandra Kollontaj, Volkskommissar für Soziale Sicherheit.

Lenin, Vorsitzender des Rates der Volkskommissare.

Kamenew.

Alexandra Kollontaj.

Trotzki.

Sinowjew.

Lenin, der unbestrittene Führer der Revolution, verlegt den Sitz der Regierung nach Moskau. Jeden Morgen liest er die „Prawda", die offizielle Parteizeitung, die er selbst geschaffen hat.

Freigelassene deutsche Kriegsgefangene auf dem Newskij-Prospekt.

Juli 1918. Ankunft der Delegierten zum Fünften Allrussischen Sowjetkongreß im Bolschoj-Theater in Moskau. Auf diesem Kongreß eliminiert Lenin die Parteien und Gruppen, die ihm im Wege stehen: die Menschewiken und die Sozialrevolutionäre.

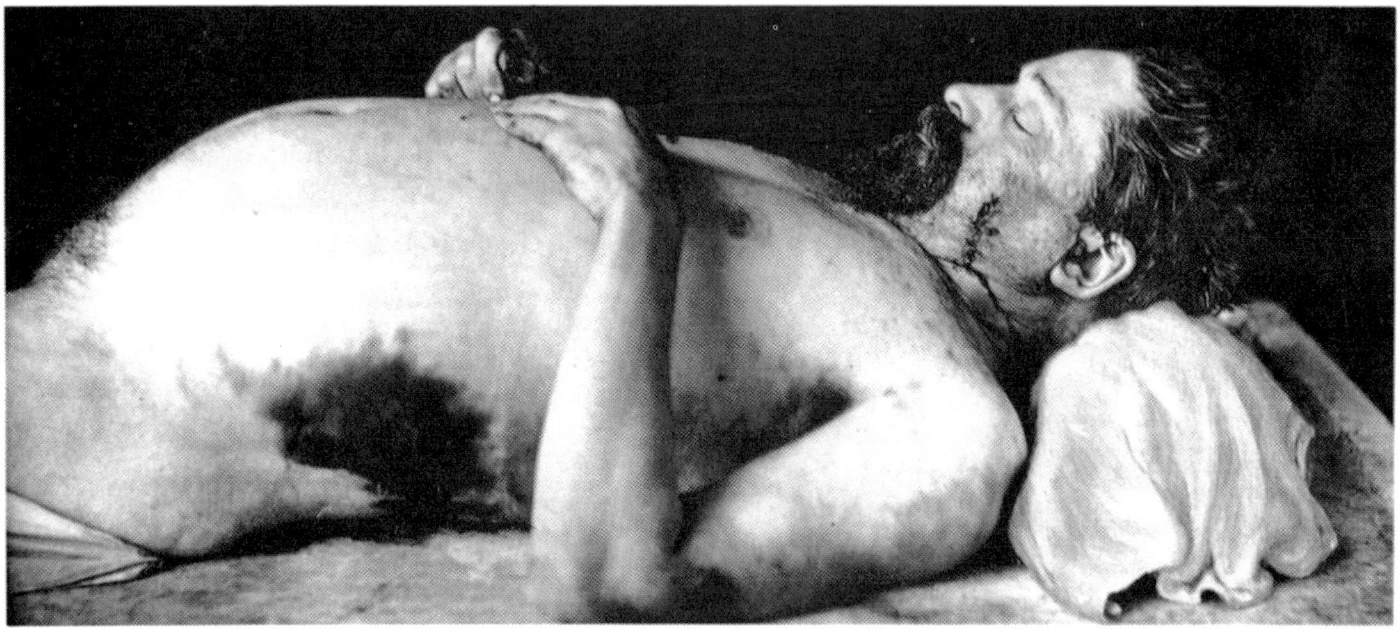

Die letzten gemäßigten Minister werden von den Bolschewiken beseitigt. Hier die Leiche von Andrej Schingarew, eines aufrichtigen Demokraten, der sein ganzes Leben der Befreiung des russischen Volkes geweiht hat.

Aus der UdSSR ausgewiesen, trifft Trotzki 1929 in Paris ein. Auf dem Bahnsteig des Gare de Lyon versucht er, den Fotografen zu entkommen.

DIE ROTE REGIERUNG

DIE BEDEUTENDSTEN BOLSCHEWISTISCHEN FÜHRER IM JAHRE 1917 LENIN UND TROTZKI

Journalisten, die Lenin und Trotzki kennengelernt haben, beschreiben sie auf eine sehr anschauliche, aber nicht sehr schmeichelhafte Weise:

TROTZKI

„Dieser kleine, doch kräftige Körper drückt eine erstaunliche Willensstärke aus. Das bleiche Gesicht hat eine breite Stirn, eine scharfgeschnittene Nase, einen bösen Mund. Sein Bart verleiht ihm etwas Diabolisches.

Aber es sind vor allem seine Augen, die anziehen und verwirren. Sie wirken lebendig und listig unter dem Lorgnon.

Man spürt, daß man es mit einem Menschen zu tun hat, der sich seiner Autorität bewußt ist und keinen Widerspruch duldet. Er ist voller Selbstvertrauen. Gegenüber anderen hegt er ein starkes, wenn auch latentes Mißtrauen. Kraft und Willensstärke sind noch nicht der ganze Trotzki; das Wichtigste an ihm ist seine Intelligenz."

LENIN

„Ein kleiner, dicklicher Mann mit Wieselaugen unter dem haarlosen Schädel. Ein rötlicher Bart umgibt den zusammengekniffenen Mund.

Niemand weiß, was dieser unergründliche und erleuchtete Mensch in seinem tiefsten Inneren verbirgt.

Ein mystischer Glaube erfüllt seine ganze Persönlichkeit und beseitigt jegliche Skrupel. Damit gepaart ist ein seltenes Geschick zu taktieren und eine Verschmitztheit, die oft aus seinen engen Pupillen blitzt."

DER BOLSCHEWISTISCHE STAATSAUFBAU

Nachdem Trotzki als Volkskommissar für Auswärtige Angelegenheiten in Brest-Litowsk Frieden geschlossen hat, wird er Volkskommissar für Krieg. Er übernimmt die Aufgabe der Verteidigung des Sowjetstaates.

Lenin schafft mit Stalins und Swerdlows Hilfe eine neue innere Struktur für den Staat. Ihr Organisationstalent ist unbestreitbar. Sie schaffen ein Spitzel-, Polizei- und Unterdrückungssystem, das in seiner Perfektion ohne Beispiel ist.

Die berüchtigte Tscheka (Geheimpolizei) breitet über ganz Rußland ihr Spitzelnetz aus. Es fehlt nicht an qualifizierten Mitarbeitern; die alte, zaristische Ochrana stellt einen guten Teil von ihnen.

Bei bestimmten Volksstämmen beginnt der Führer, sobald er die Macht in seinen Händen hat, damit, alle Rivalen zu töten. Er geht sehr sorgfältig dabei vor, weil er glaubt, die Stabilität seiner Macht hänge davon ab.

Die Bolschewiken handeln auf die gleiche Weise. Für sie gibt es nur zwei Möglichkeiten: Entweder schließt man sich ihnen an, oder man hat zu verschwinden. Es wird denen, die der Sowjetmacht schaden könnten, keine Möglichkeit zur Einflußnahme gegeben.

Lediglich die Partei der Sozialrevolutionäre bereitet den Bolschewiken einige Schwierigkeiten. Sie sind gegen den Separatfrieden mit Deutschland und ermorden am 6. Juli 1918 den Botschafter Wilhelms II., Graf Mirbach.

Lenin läßt 14 Sozialrevolutionäre erschießen und vertreibt die Vertreter dieser Partei aus dem Sowjetkongreß.

Antikommunistische Karikaturen aus dem Jahre 1918.

DER UNTERGANG EINER HAUPTSTADT

Rotgardisten, die in einer bürgerlichen Wohnung untergebracht sind, genießen ihre Mußestunden.

Petrograd wird demontiert. Die Fabriken, die wegen Rohstoff- und Kapitalmangel ihre Produktion eingestellt haben, leeren sich allmählich.

Abends in Petrograd. Bolschewiken fahren mit ihren Freundinnen in beschlagnahmten Fahrzeugen zu den Vergnügungsstätten. (Karikaturen des berühmten russischen Zeichners Pem.)

Bolschewistischer Sommer.
In der Hitze breitet sich die Cholera schnell aus.
Das Rote Kreuz richtet Hilfsposten ein.

Bolschewistischer Winter.
Unaufhörlich fällt der Schnee. Am Newskij-Prospekt bei der Fontanka-Brücke machen sich Rotgardisten ein Vergnügen daraus, Bürger mit Bajonetten und Gewehrkolben zum Schneeräumen anzutreiben.

Dieser kriegsblinde Soldat wartet auf der Fontanka-Brücke auf ein Almosen. Seine Hoffnung ist gering.

Viele ehemaligen Offiziere werden zu Hausierern, um nicht Hungers zu sterben. Ihr Warenangebot ist ausgesprochen dürftig: kleine Brotstücke, Schokolade, einige Eier, ein paar Stück Zucker.

Die Soldaten der Roten Armee können sich den Luxus leisten, sich die Schuhe von ehemaligen Offizieren putzen zu lassen. Ihr Sold wurde beträchtlich erhöht.

Eine Dame aus der ehemals besseren Gesellschaft ist gezwungen, bei minus 20 Grad auf der Straße Zeitungen zu verkaufen.

Ehemalige Offiziere gründen Transportunternehmen. Die „Bourgeois" lassen, um sich am Leben zu erhalten, ihren letzten Besitz in die Leihhäuser bringen.

Eine neue Art von Handel: Verkauf von Gegenständen aus dem Besitz der alten Oberklasse.

Dieses Pferd verendet auf dem Litejnyj-Prospekt neben einem Haufen Heu, der zu spät kam.

Eine Gruppe von „Bourgeois" vor dem Marienpalast.
Das Exekutivkomitee hat beschlossen, die Bürgerlichen auszuweisen und ihre Wohnungen zu beschlagnahmen.
Danach werden sie verhaftet und erschossen.

Captain Cromie, der englische Marine-Attaché, beim Tennis Ende Juli 1918 in Petrograd. Einen Monat später wird er getötet, als er seine Botschaft gegen die Bolschewiken verteidigt, die eine Haussuchung vornehmen wollen.

Das französische diplomatische Corps ist bereit, sich gegen die Bolschewiken zu verteidigen. Nachdem die französischen Staatsangehörigen in der Botschaft aufgenommen wurden, schließen sich ihre Pforten. Die Botschaft wird regelrecht belagert.

Die italienische Botschaft verläßt Rußland.

Graf Mirbach, der deutsche Botschafter, wurde soeben von linken Sozialrevolutionären ermordet. Die Bolschewiken erklären diese Partei daraufhin für illegal und verhaften ihre Mitglieder.

Die Rotgardisten sind mobilisiert. Sie sollen um jeden Preis Brot heranschaffen.

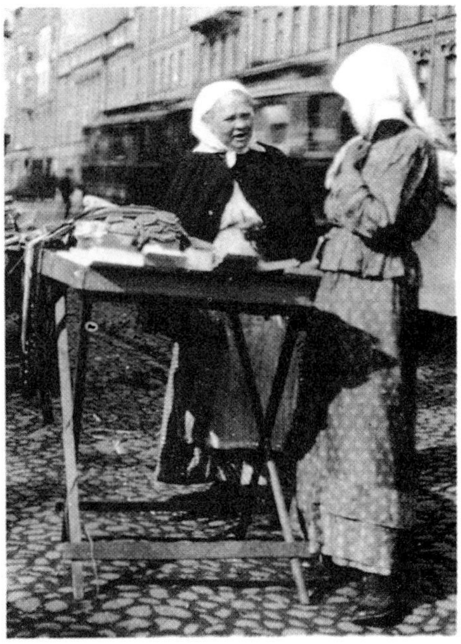

Alles mögliche gibt es zu kaufen, nur kein Brot.

Der Zorn über die Zwangsablieferungen bringt die Bauern dazu, die Hallen, in denen die bolschewistische Regierung Mehl lagert, in Brand zu stecken.

Der kubistische Futurismus ist die offiziell gutgeheißene neue Kunstrichtung.
Die Fassaden öffentlicher Gebäude sind mit Propagandamalereien für die bolschewistische Politik verdeckt.

DER UNTERGANG EINER HAUPTSTADT

Petrograd liegt am Boden. Die Atmosphäre ist gespannt. Massenweise werden „Bourgeois" verhaftet. Ständig wird irgendwo geschossen. Immer häufiger sieht man ausgehungerte Menschen auf der Straße tot umfallen. Es herrscht eine schreckliche Hungersnot.

Vor den Bahnhöfen haben sich Ansammlungen von „ausgemergelten Skeletten, gelben Gesichtern, zornigen Arbeitern, müden Bürgerlichen und Frauen, die von schreienden Kinderhaufen umringt sind", gebildet.

Diese Menge wartet auf die Ankunft der „Meschotschniki", – Bauern, die den Städtern Nahrungsmittel verkaufen. Aber sobald sich ein Bauer zeigt, wird er von Rotgardisten angehalten. Sein Sack mit Getreide oder Kartoffeln wird als zu groß beanstandet. Der Bauer wird verhaftet und die Ware beschlagnahmt.

Nunmehr bringen die Bauern nur noch ganz kleine Mengen an Nahrungsmitteln mit.

DIE UNZUFRIEDENHEIT DER BAUERN FÜHRT ZUM BROTKRIEG

Zu Beginn des Jahres 1918 wird das Land in den Provinzen an die Bauern verteilt. Aber noch nie war die Unzufriedenheit so groß. Der eine beklagt sich darüber, daß sein Stück Land zu unfruchtbar sei; der andere findet, sein Feld sei zu weit abgelegen. Aber alle Klagen gipfeln in dem Vorwurf an die Adresse der Regierung, daß diese zwar sage, man solle das Land in Besitz nehmen, aber weder Saatgut noch landwirtschaftliche Maschinen und Geräte für die Bearbeitung des Bodens zur Verfügung stelle.

Ab Juli 1918 requiriert die Regierung die Erzeugnisse der Bauern, um die Hungersnot in den großen Städten, besonders in Petrograd, zu bekämpfen.

Die Rote Garde wird mobilisiert und erhält Befehl, Getreide in die Städte zu bringen.

Der Unmut der Bauern wächst von Tag zu Tag. Sie trauern dem alten Regime nach und organisieren sich, um gegen die „Kommune" von Petrograd zu kämpfen.

Der Brotkrieg ist erklärt!

Wenn die Bauern von den „Janitscharen des Smolnyj" überrascht werden, lassen sie sich das Getreide wegnehmen. Sie gewinnen so Zeit, den Autos der Rotgardisten einen Hinterhalt zu legen. Kommen die Rotgardisten in großer Anzahl, verbrennen die Bauern das Getreide oder werfen es ins Wasser. Es bilden sich kleine Bauernarmeen, die Versorgungszüge angreifen.

DIE RATIONIERUNG

Überall wird folgende Verfügung ausgehängt: „Der Petrograder Sowjet setzt folgende Rationen für vier Kategorien von Mägen (vom Sowjet benutzter Ausdruck) fest:

Erste Kategorie (Arbeiter, die eine Arbeitsbescheinigung der Fabrik vorlegen): 200 Gramm Brot für zwei Tage, dazu zwei Eier oder Fett oder Hülsenfrüchte;

zweite Kategorie (Büroangestellte): 100 Gramm Brot für zwei Tage, dazu ein Ei oder die halbe Ration an Hülsenfrüchten der ersten Kategorie;

dritte Kategorie (sonstige Angestellte, Lehrer, Journalisten): 100 Gramm Brot für zwei Tage und die Hälfte der Ration der zweiten Kategorie;

vierte Kategorie (Bürgerliche, Grundbesitzer, Hausbesitzer, Händler, Rentiers usw.): 50 Gramm Brot für zwei Tage, keine Eier, kein Fett, kein Gemüse.

Das Brot ist schwarz. Es enthält ebenso viel Stroh und Spreu wie Mehl. Äußerst selten wird die vorgesehene Ration auch ausgegeben.

GEWISSE GESCHÄFTE BLÜHEN

Es gibt hübsche kleine, mit Geschmack eingerichtete Cafés. Dort werden Kakao, Tee und Kuchen serviert. Sie werden von ehemaligen Aristokraten betrieben, die sich auf diese Weise ihren Lebensunterhalt verdienen müssen. Die Kunden sind hauptsächlich Bolschewiken.

Oft hört man den Geschäftsführer rufen: „Baronin, bringen Sie einen Tee an Tisch Vier!" oder „Fürstin, Sie vergessen den Kuchen!"

Die Gebrauchtwarengeschäfte bekommen immer mehr Ware und immer weniger Kunden. Ein Erlaß verbietet die Ausfuhr russischer Kunstgegenstände.

Da die bolschewistische Regierung sich in Petrograd nicht mehr sicher fühlt und von den weißen Armeen bedroht ist, verlegt sie im Frühjahr 1918 ihren Sitz nach Moskau.

Trotzki, der Chef der Roten Armee, salutiert vor vorbeimarschierenden Truppen. →

DIE ROTE ARMEE

Ein Soldat der Roten Armee.

Trotzki spricht zu seinen Soldaten.

Rotarmisten bei der Ausbildung.

Weibliche Soldaten.

Die Soldaten erweitern ihr Wissen und versuchen, das politische Geschehen zu begreifen.

Schießübungen und Erfrischungen.

Nach einem Tag voller Razzien und Durchsuchungen betrinkt sich der Soldat.

Lese- und Spielsaal.

Die Garde vor dem Kreml.

Die Garde des Smolnyj-Instituts bei der Übung.

Musterungskommission.

Die Rote Armee im Bürgerkrieg.

Eine neue Armee sollte nach Trotzkis Vorstellung die Rote Armee ersetzen.
Täglich unterbrechen die Arbeiter und Arbeiterinnen von Moskau ihre Arbeit, um sich im Umgang mit dem Gewehr zu üben.

Der kommunistische Kommissar ist damit beauftragt, über die Durchführung der Dekrete aus Moskau in den Städten und auf dem Lande zu wachen. Ihn begleiten Rotgardisten.

DIE ROTE ARMEE

DER ROTE TERROR

Bolschewistische Kommissare kommen in die Städte, um die örtlichen „kommunistischen Regierungen" zu organisieren. Wie schon bei der Verteilung des Landes, werden sie begeistert empfangen.

Nach der anfänglichen Begeisterung ernüchtert das russische Volk sehr bald, denn die Kommissare etablieren den „roten Terror", den Trotzki propagiert. Er besteht darin, daß die Dekrete der Regierung ohne Rücksicht durchgeführt werden. Die Folgen kann man sich vorstellen. Die Unausgegorenheit einiger „revolutionärer" Entscheidungen, ihre gleichzeitig naiv-lehrhafte wie verworrene Ausdrucksweise amüsieren das Volk. Das Lächeln erstirbt jedoch bald vor den Gewehrmündungen und angesichts der Greuel.

DEKRETE DER ROTEN REGIERUNG

- Innerhalb von drei Tagen sind alle Waffen abzuliefern.
- Niemand darf ohne Genehmigung eines Kommissars umziehen.
- Ohne Genehmigung darf nichts in einem Geschäft gekauft werden.
- Jeder, der über eine Fünfzimmerwohnung verfügt, muß einen Rotarmisten oder einen „Armen" vollständig einkleiden.
- Das Erscheinen aller Zeitungen wird eingestellt.
- Alle Hotels und Privatschulen werden geschlossen.
- Alle Personen, die ein Kreuz um den Hals tragen, müssen eine Steuer von 25 Rubel im Monat zahlen.
- Die Anrede „Sie" wird zugunsten von „Du" abgeschafft, da das Siezen eine „kalte" und „distanzierte" Anredeform ist. (Im alten Regime wurde nur die Dienerschaft geduzt.)

An der Spitze eines jeden Unternehmens steht ein Kommissar. Ein „Angestellten-Sowjet" legt in jedem Geschäft die Höhe der Löhne und die Öffnungszeiten fest (im allgemeinen 10–16 Uhr). Der ehemalige Besitzer darf als gewöhnlicher Angestellter weiterarbeiten, wenn das Personal keine Einwände hat. Die Fabriken stellen ihre Produktion ein.

Die Arbeiter diskutieren die meiste Zeit über die Höhe der Löhne. Ein wenig zu spät begreifen sie, in welch mißliche Lage sie geraten sind.

Am 1. August 1918 greifen die Entente-Mächte auf der Seite der Weißen in Rußland ein. Britische Soldaten auf Wache vor Lokomotiven, die die Bolschewiken zerstört haben. →

DER BÜRGERKRIEG

Französische Soldaten patrouillieren an Bord eines englischen Kriegsschiffes vor Archangelsk.

Wladiwostok. Einzug der aus Hongkong kommenden englischen Truppen.

Charkow. Triumphaler Einzug der Kommissare aus Moskau, die gekommen sind, um eine kommunistische Regierung einzusetzen.

1920. General Weygand an der polnischen Front.
Das Foto entstand im Hauptquartier vor Weygands Abfahrt nach Minsk.

„Es lebe die freie ukrainische Republik!"
Die Bevölkerung von Kiew erwartet in Nationaltracht
das Eintreffen der polnischen Armee.

Petljura hält Einzug in Kiew.

Polnische Truppen auf dem Weg nach Kiew.

Waggons mit der Aufschrift „Proletarier aller Länder, vereinigt euch!", die den Roten abgenommen wurden.

Die Kommunisten werden gehängt, aber die Armee Petljuras begeht ebenfalls zahlreiche Greueltaten (Pogrome und Verfolgungen).

Auf Befehl des Kommissars wird der polnische General Rosinski von den Soldaten der Roten Armee gefoltert und hingerichtet.

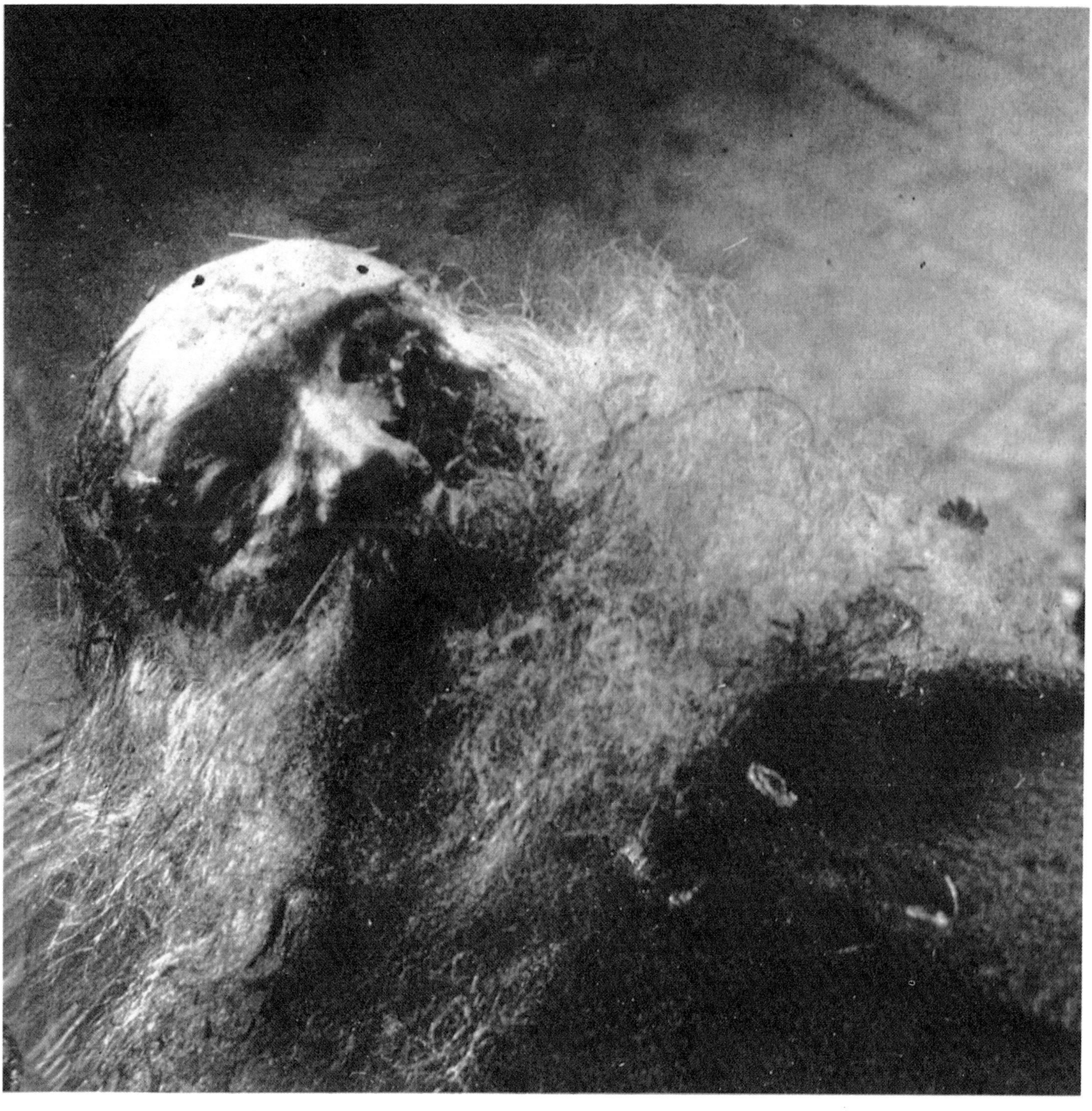

Ein von den Bolschewiken gefolterter und ermordeter Priester. Er hatte es gewagt, für die Seele des Zaren zu beten.

Bei ihrer Ankunft kann die Armee des Generals Denikin nur noch die Opfer der Sowjets bestatten.

Sechs Monate Bolschewismus in Charkow. Die Bevökerung ist dezimiert.

Die Bolschewiken sind überall. Einzug der roten Kavallerie in Soldau.

Bolschewistische Gefangene erwarten ihre Befreiung.

Juni 1920. Koltschaks Armee tritt den Rückzug an.

Am 7. April 1920 wird General Wrangel Oberbefehlshaber der Weißen Armee. Einige Monate später ist er geschlagen.

Der Rückzug.

Soldaten der Weißen Armee in Lumpen.

General Wrangel schifft sich mit seiner Familie nach Konstantinopel ein. Er verläßt Rußland für immer.

Admiral Koltschak.

General Judenitsch.

General Denikin. Trotz aller Anstrengungen gelingt es Denikin, Koltschak und Judenitsch nicht, Rußland vom Bolschewismus zu befreien. Ihnen fehlt ein gemeinsames Konzept.

DER BÜRGERKRIEG

Im Bürgerkrieg stehen die Regimenter der Sowjets unter Trotzkis Führung der sogenannten „weißen" Armee gegenüber. Die „Armee" der Sowjets existiert erst ein Jahr. In dieser Probezeit ist sie zu einer starken Streitmacht geworden: gut ausgerüstet, diszipliniert, gut geführt und zahlenmäßig stark.

Diese Sowjetarmee wurde nach europäischem Vorbild organisiert. Für sie arbeiten Waffen- und Munitionsfabriken.

Die weiße Armee steht nicht unter einem einheitlichen Oberbefehl. Die Koordination zwischen den verschiedenen Fronten und den verschiedenen Generalstäben ist mangelhaft. Diese Armee bleibt den traditionellen Idealen verhaftet. Es fehlt ihr an Überzeugungskraft, und sie leidet an Demoralisierung und Geldmangel. Das findet seinen Ausdruck in schlechter Organisation und schlechter Disziplin. In den „weißen" Gebieten wird versäumt, eine zivile Verwaltung aufzubauen. Die Idee des Vaterlandes verliert an Zugkraft.

„Nicht die bolschewistischen Dogmen haben die Armeen Koltschaks und Denikins besiegt, die militärische Konzeption dieser russischen Generäle erhielt gegenüber der militärischen Organisation ihrer Gegner eine Niederlage", schreibt die Zeitung „Le Temps".

Das Ausland – Frankreich, England, Japan u. a. – versucht, soweit es geht, den antibolschewistischen Armeen zu helfen. Angesicht der Demobilisierung in Westeuropa kommt eine großangelegte militärische Intervention jedoch nicht in Frage.

DIE WEISSE ARMEE

Freiwillige verschiedener Nationalitäten schließen sich den weißen Armeen an, weil sie den Bolschewismus hassen und fürchten, aber viele Soldaten sind sich nicht im klaren darüber, wofür sie kämpfen.

Ein Regimentskommandeur übermittel im August 1919 eine Bitte seiner Soldaten an den Admiral Koltschak. Sie wollen den sehen, für den sie kämpfen. Koltschak antwortet, daß sie nicht für ihn kämpfen, sondern für „die Wiederherstellung und die Wiedergeburt Rußlands und gegen seine Bedrücker, die unter dem falschen Namen einer Arbeiter- und Bauernregierung die Macht an sich gerissen haben."

In der Tat ist der Kampfeswille der Soldaten nicht sehr groß, und das Ausmaß der Desertionen ist erschreckend groß.

Nach den Mißerfolgen der Armeen Denikins, Koltschaks und Judenitschs wird im April 1920 General Wrangel Oberbefehlshaber. Er bildet eine Regierung in Südrußland.

Ende 1920 ist es klar, daß die Weiße Armee geschlagen ist, und Wrangel erklärt gegenüber Vertretern des Auslands am 11. November: „Seit sieben Monaten kämpfen wir, von allen im Stich gelassen, gegen einen Feind, der zehnmal mehr Soldaten hat. Die Armee hat wahre Wunder vollbracht. Es fehlte an Kleidung und überhaupt an allem, was eine Armee braucht. Trotzdem wurden 85000 Gefangene gemacht und mehr als 300 Kanonen erbeutet.

Seit sieben Tagen greift der Feind pausenlos an. Gestern mußte ich in Ermangelung von Reserve die Schützengräben von der Kavallerie besetzen lassen. Die Armee hat nur noch Befehl, die Verschiffung unserer Verwundeten, Frauen und Kinder zu decken, um diese vor einem Massaker zu retten. In dem Augenblick, da sie die Krim verlassen, werden sie keine Heimat mehr haben. Mögen sich die zivilisierten Nationen ihrer annehmen."

Am 14. November geht die Evakuierung geordnet und ohne Zwischenfälle zu Ende. Mit dem Fernglas erkennt man Kavalleristen, die ermattet zurückkehren. Feuer werden angezündet. Das sind die Trosse, die man nicht retten kann. Sie werden entlang der Straßen verbrannt.

Wrangel geht als letzter an Bord der „Kornilow". Langsam sticht der Kreuzer in See. Es ist ein erschütternder Augenblick. Die auf dem Kai zurückbleibenden Russen sehen ihre letzte Hoffnung davonfahren.

Sommer 1921. Eine außergewöhnliche Trockenheit führt in weiten Teilen Sowjetrußlands zu einer Hungersnot. 33 Millionen Menschen leiden Hunger, und 15 Millionen können nur noch überleben, wenn rasche Hilfe kommt. →

DER HUNGER

Hier war einst fruchtbares Land. Jetzt ist der Boden ausgetrocknet und rissig.

Kinder suchen im Straßenstaub nach Sonnenblumenkernen.

Im Herzen Rußlands, auf dem großen Markt von Samara.
Bauern aus den von der Hungersnot heimgesuchten Dörfern kommen mit großen Wagen, die von Kamelen oder Pferden gezogen werden, um Saatgut aufzutreiben.

Die Bauern klagen den Journalisten ihre Not:
„Ihr müßt uns retten, unserer Kinder wegen, unserer selbst wegen und euretwegen, ihr Städter."

Wenn der Magen sich verkrampft und keine Nahrung mehr aufnimmt, ist keine Hilfe mehr möglich. Der Mensch stirbt.

Trotz allem bleibt die Hoffnung.

Jeden Morgen liegen in den Straßen Leichen von Männern, Frauen und Kindern. Auf dem Friedhof reicht der Platz nicht aus. Sie werden in einer Ecke übereinander gestapelt.

Fälle von Kannibalismus kommen vor.
Bauern aus dem Gebiet von Busuluk vor den Resten von Menschen, die sie getötet und zerstückelt haben, um sie zu essen.

Je länger die Hungersnot anhält, desto häufiger kommen Fälle von Kannibalismus vor.
Das Grauen übersteigt jegliche Vorstellungskraft.

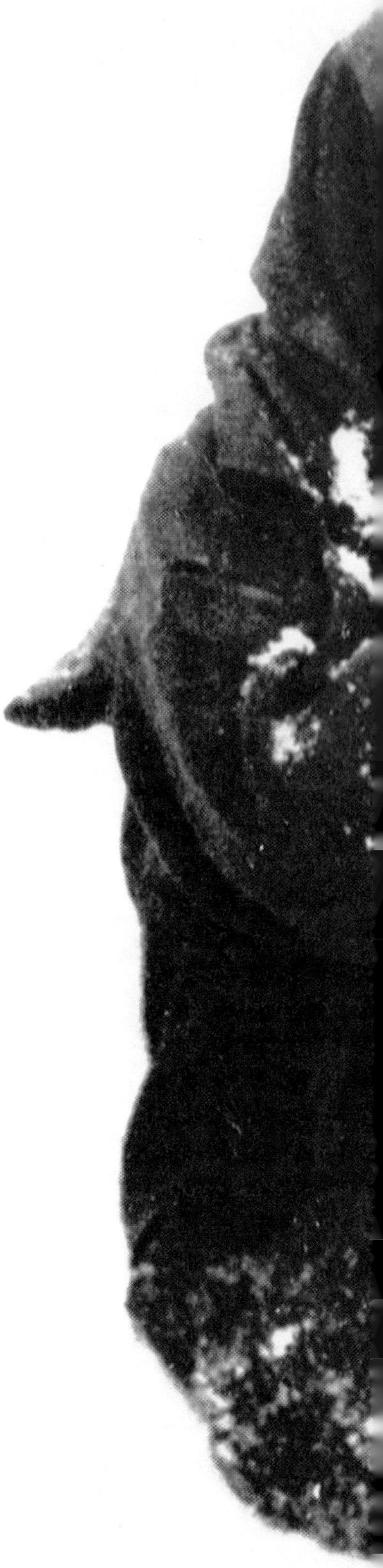

Armes russisches Kind im Schnee fleht um Hilfe.

Hungernde Kinder. Die Mütter fürchten die Zukunft.

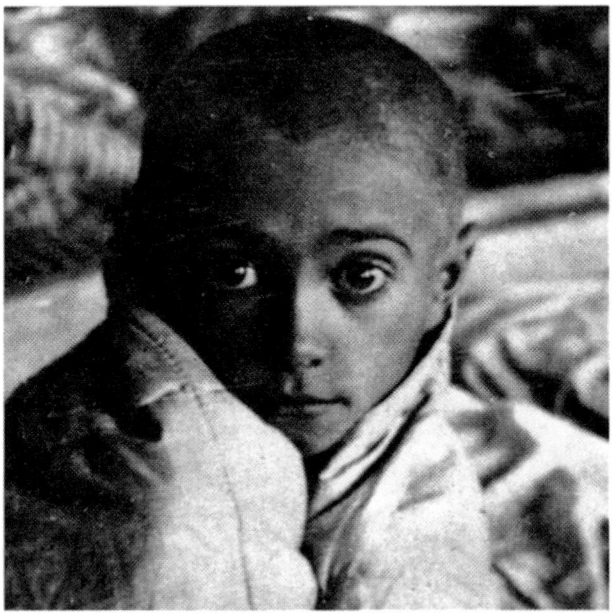

DER HUNGER

1921 ist der Bürgerkrieg noch nicht vorüber, und schon trifft Rußland ein neues Verhängnis. Die Gebiete des Wolgatales, die zu den fruchtbarsten Rußlands gehören, werden von einer schrecklichen Trockenheit heimgesucht.

Die ganze Ernte besteht aus etwas Stroh und einigen kümmerlichen Maiskolben. Wie schon im Jahre 1904, muß auch diesmal wieder das Stroh der Dächer als Nahrung für Mensch und Tier dienen.

Die Bauern, die nichts mehr zu essen haben, laden ihre wenigen Habseligkeiten auf Karren, vernageln ihre Häuser und machen sich auf den Weg in die Gebiete, in denen sie Nahrung zu finden hoffen.

Diese Aussiedler kampieren im Freien, auf den Feldern. Wenn sie in die Nähe einer Eisenbahnlinie kommen, springen sie auf die Züge und fahren auf den Trittbrettern oder den Dächern der Wagen mit. Es ist ihnen gleich, wohin es geht. Sie essen Gräser, Wurzeln, Heu und kleingehacktes Stroh. Die Wege, die sie gehen, sind übersät mit Leichen.

Ausländische Journalisten besuchen die am meisten betroffenen Regionen, um sich vom Ausmaß der Not zu überzeugen.

Die Wolga, der majestätische Fluß, der sonst mit seinen Wassermassen die reichsten Gebiete Rußlands speist, ist jetzt so klein geworden, daß keine größeren Schiffe mehr auf ihr fahren können.

Die Lebensmittel, die es auf dem Markt von Samara, dem heutigen Kuibyschew, zu kaufen gibt, sind fast alle unerschwinglich teuer.

Da gibt es schlechte, von Fliegen übersäte Wurst, ein wenig weißen Käse, der mit einer schwärzlichen Staubschicht bedeckt ist, und Schwarzbrot, das mit Teer getränkt zu sein scheint. Am erschwinglichsten sind noch getrockneter Fisch und Sonnenblumenkerne, die mit den Zähnen enthülst werden.

Eine Tatarenfrau versucht sogar, Brot aus Pferdemist zu backen.

Die Hoffnung einer hungernden Nation: Hilfe aus dem Ausland. →

INTERNATIONALE HILFE

Hunderte von Frauen und Kindern bitten den Vertreter der amerikanichen Mission um Hilfe.

MacClintock von der Hoover-Mission verteilt Nahrungsmittel in Weselowka. Ein Pfund Mais pro Tag für jeden.

Nahrungsmittel (Getreide, Zucker, Salz) kommen per Schiff.

Die Schiffe werden entladen.

Auf den Waggons, in denen die Säcke mit Getreide ins Landesinnere transportiert werden, hängt das Schild mit der Aufschrift „American Relief Administration" (Amerikanischer Hilfsfond) neben dem Wappen der Russischen Föderativen Sowjetrepublik.

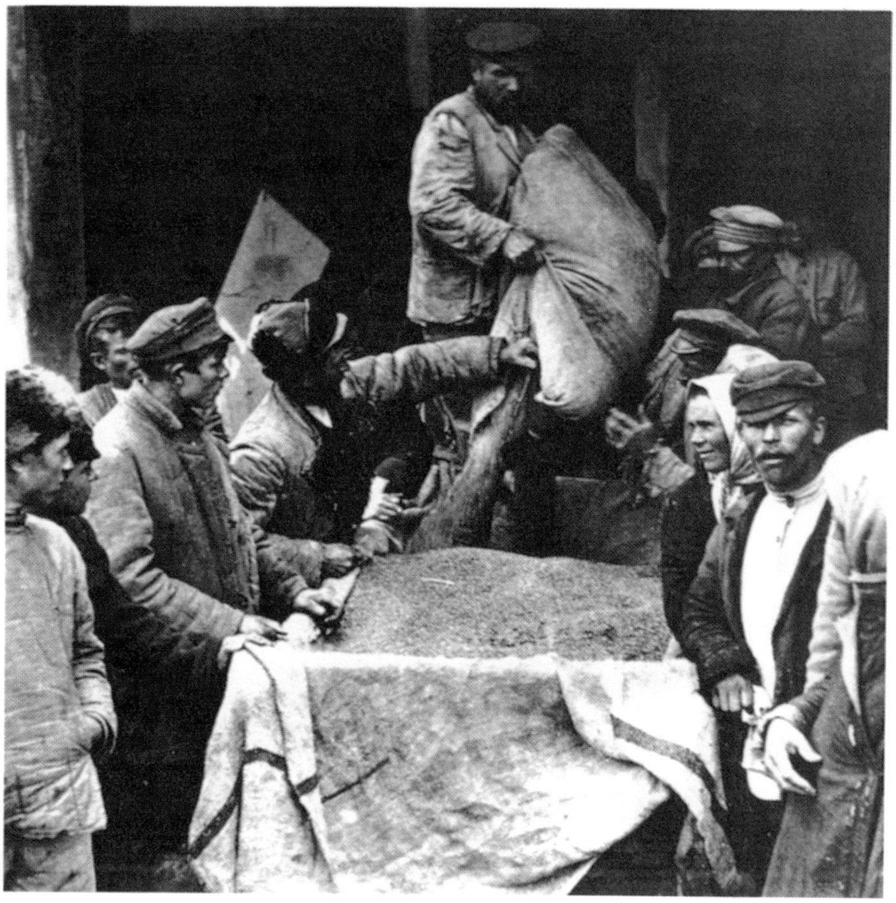

Wie ein Goldregen ergießt sich das Getreide in die Säcke der Bauern.

Ankunft der Lebensmitteltransporte in Moskau.

Kinder erhalten in den Küchen des fränzösischen Hilfskomitees in Saratow Suppe. Das internationale Kinderhilfswerk speist 250000 Kinder.

Rückkehr der Emigranten nach Polen: Bekämpfung von Läusen.

Verteilung von Lebensmitteln.

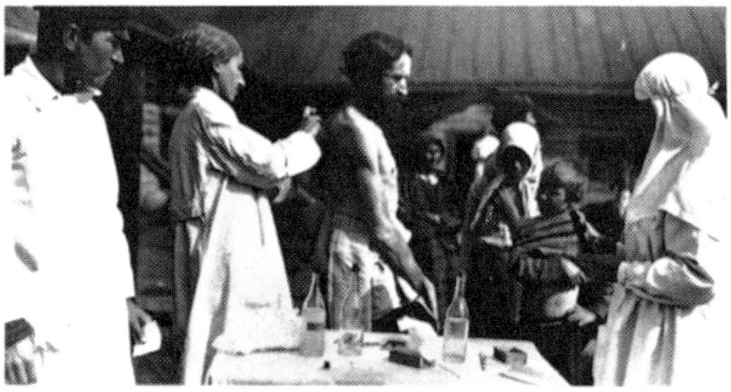

Impfung gegen Typhus.

Am Ausgang des französischen Bades. Die Männer sind kahlgeschoren und haben neue Unterhosen an, die vom Völkerbund gestiftet wurden.

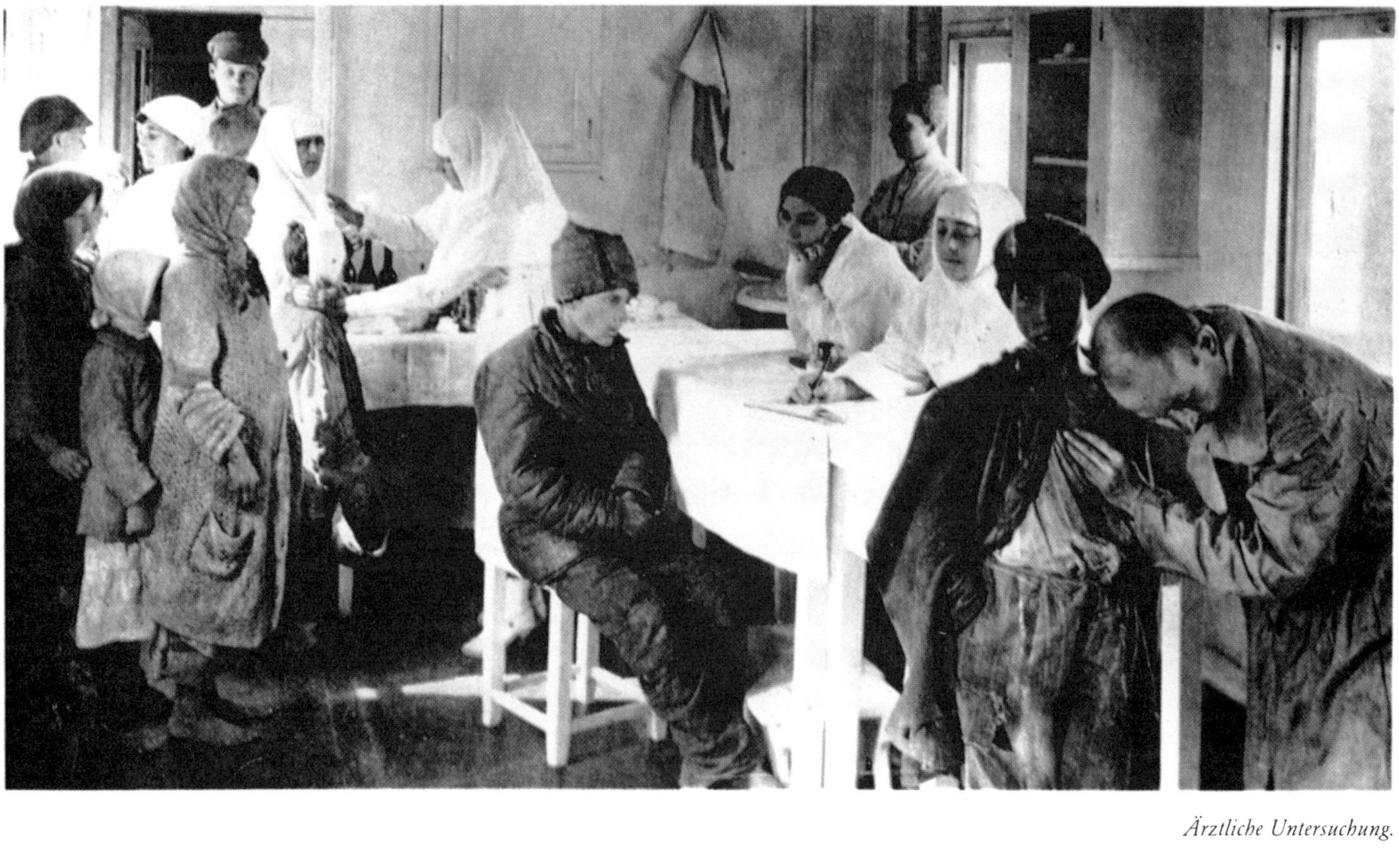

Ärztliche Untersuchung.

Die Polen sind in ihre Heimat zurückgekehrt und freuen sich.

*Wie viele andere ist diese Polin in sechs Jahren 4000 Kilometer gelaufen, bevor sie nach Hause zurückkehrte.
Sie hat alles verloren und trotzdem lächelt sie. Sie hat ihre Heimat wieder.*

DIE INTERNATIONALE HILFE

Das Internationale Hilfskomitee bemüht sich, die Getreidelieferungen per Schiff und Bahn nach Rußland zu intensivieren. Vor allem Roggen, der in großen Mengen in Polen gekauft wird, und Weizen aus Amerika sind die beste Nahrung für die Menschen, deren Mägen von Hunger geschwächt sind.

Amerika verpflichtet sich – unabhängig von den anderen Hilfsorganisationen – eine Million russischer Kinder zu speisen, jedoch unter der Bedingung, die Verteilung selbst vornehmen zu dürfen.

Ihrerseits beauftragt die bolschewistische Regierung den norwegischen Forscher Nansen, mit ausländischen Regierungen über Kredite für den Kauf von Nahrungsmitteln zu verhandeln.

Der erste Hilfstransport trifft ein.

Die Säcke mit weißem Mehl und Zucker werden schnell aus den Waggons auf die Verteilerfahrzeuge verladen. Die Menge schaut schweigend zu und kann kaum glauben, daß das, was sie sieht, wahr ist.

Jeder Unterstützungsempfänger erhält sieben Pfund Mehl pro Woche gegen Vorlage einer Karte, deren Abschnitte vom Verteilungsbeauftragten an das zentrale Komitee als Quittungen eingesandt werden müssen.

In Samara wird unter der Aufsicht der bolschewistischen Behörden Saatgut verteilt. Die aus den Dörfern entsandten Bauern erhalten einer nach dem anderen die wertvolle Ware und kehren zurück.

Manche von ihnen waren ohne Hilfe und Nahrung 300 bis 400 km weit angereist. Die Pferde und Kamele fraßen das Laub der Bäume. Viele Bauern starben auf dem Weg.

Wenn sie mit ihrer wertvollen Last den Weg zurück schaffen, bringen sie neue Hoffnung mit.

1921 – RÜCKKEHR DER POLEN

Nach dem Friedensvertrag von Riga, in dem die Bolschewiken die Republik Polen anerkennen, können die Polen aus den notleidenden russischen Gebieten in den Westen zurückkehren.

Wie erfahren diese Polen in den Dörfern der Ukraine, den Kleinstädten an der Wolga, den sibirischen Weiten davon, daß Polen noch immer existiert, daß es Frieden mit Rußland geschlossen hat und daß sie das „bolschewistische Paradies" verlassen und in ihre Heimat zurückkehren können? Niemand kann es genau sagen, doch die Nachricht verbreitet sich wie ein Lauffeuer.

Alle Straßen, die nach Polen führen, sind voll von unzähligen Wagen. Täglich erreichen 5000 bis 6000 Polen die Auffangslager von Baranowicze und Rowno. Von dort aus machen sie sich auf den Weg zu ihren Hütten, die sie vor sechs oder mehr Jahren verlassen haben. Oftmals finden sie sie nicht wieder. Sie sind im Krieg zerstört worden, oder neue Bewohner haben sich in den Dörfern niedergelassen, die Schäden ausgebessert und die Felder bestellt. Diese neuen Bewohner fühlen sich dort inzwischen wie zu Hause.

Viele Männer mußten Polen ohne ihre Frauen verlassen. Häufig haben die Frauen, nachdem sie von ihren Männern nichts mehr hörten, diese nach jahrelangem Warten für tot geglaubt und um sie getrauert. Danach haben sie sich wieder verheiratet.

Zahlreich sind die Tragödien, die die Kriegswirren mit sich brachten.

Zur Gewinnung neuen Ackerlandes benutzen die Bauern Armeetanks. →

DIE NEUE ÖKONOMISCHE POLITIK (NEP)

Es gibt wieder etwas zu essen. Diese Frau verschlingt gierig ihre Ration.

Markt in der Stadt.

Markt auf dem Dorf.

Stundenlanges Anstehen an der Achterbahn für ein Vergnügen von ein paar Minuten.

Eine Hochzeit. Der Brautzug setzt über den Fluß.

Eine Institution ist unversehrt erhalten geblieben: das Bolschoj-Theater. Diese jungen Mädchen sind auf dem Weg zur Probe.

Die prunkvollen Tribünen der Moskauer Rennbahn.
Einst Tummelplatz der Oberschicht, sind jetzt die neuen kommunistischen „Bourgeois" hier zu sehen.

Der erste Mai ist ein Feiertag und wird in allen großen Städten festlich begangen.
In Petrograd haben die Demonstranten auf einen Lastwagen einen Flügel gestellt, auf dem die Marseillaise begleitet wird.

Vorortzug in Moskau. Nicht alle werden mitkommen.

Obwohl es den Bolschewiken nicht genehm ist, versammeln sich die Moskauer zum Nikolaus-Fest auf dem Roten Platz zum Gebet.

Am 21. Januar 1924 stirbt Lenin in diesem Hause im Dorfe Gorki, 45 Kilometer von Moskau entfernt.

Seit 1922 leidet Lenin an einer Lähmung der Nervenzentren.
Er gibt nach und nach alle seine Funktionen auf. Seine Frau pflegt ihn.

Lenins Leichnam wird über die Felder nach Moskau getragen. Beim Anblick des Leichenzuges eilen die Bauern herbei.

Trauerfeier für Lenin.
Stundenlang zieht ein ununterbrochener Strom von Menschen am Sarg vorbei, der auf dem Roten Platz aufgestellt ist.

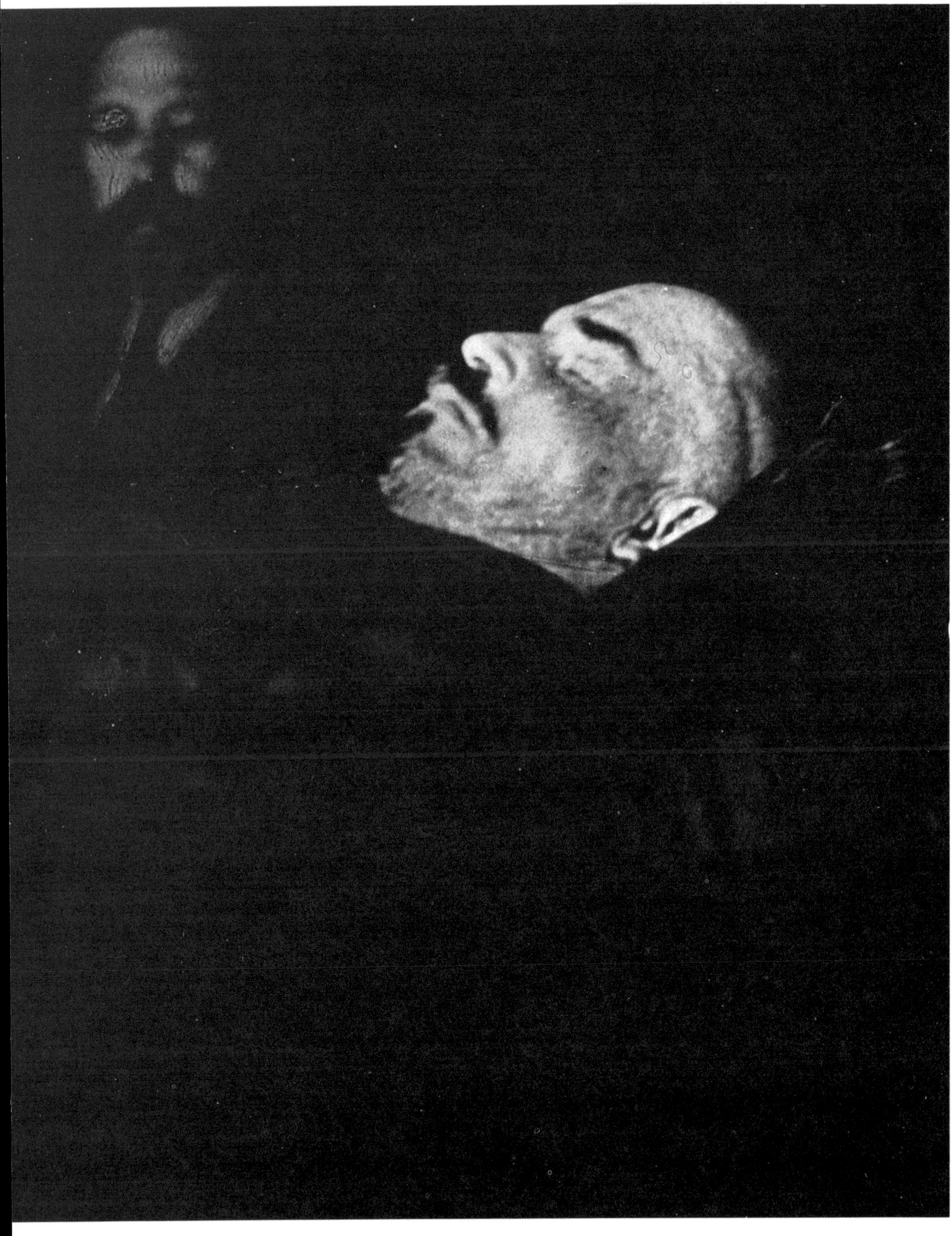

Lenin in seinem Sarg. Im Hintergrund von links nach rechts: Tomskij, Sinowjew, Kamenew.

„Stalin ist zu grob. (. . .) Deshalb schlage ich den Genossen vor, sich zu überlegen, wie man Stalin ablösen könnte, um einen anderen an seine Stelle zu setzen,
der sich in jeder Hinsicht vom Genossen Stalin nur durch einen Vorzug unterscheidet,
nämlich dadurch, daß er toleranter, loyaler, höflicher und den Genossen gegenüber aufmerksamer und weniger launenhaft ist . . ."

Lenins „Testament" vom 4. Januar 1923

1924 ergreift Stalin die Macht.

Kalinin, Vorsitzender des Zentralen Exekutivkomitees.

1921 – BEGINN DER NEUEN ÖKONOMISCHEN POLITIK (NEP)

Obwohl der Bolschewismus seinen Machtbereich von Sibirien bis zum Schwarzen Meer und vom Kaukasus bis zur Ostsee ausgedehnt hat, führt seine Herrschaft nicht zu einer Uniformierung der Lebensweise in diesem riesigen Gebiet.

Auf dem Lande, wo die überwiegende Mehrheit des Volkes lebt, ist sein Einfluß minimal. Für den russischen Bauern hat sich – besonders dann, wenn er weit von den großen Städten entfernt lebt – im großen und ganzen gegenüber früheren Zeiten wenig geändert. Er verfügt über die Erzeugnisse seines Bodens um so sicherer, je besser ihn das Fehlen von Transportmöglichkeiten vor Zwangsablieferungen schützt.

Andererseits ernährt der bolschewistische Staat Millionen von Menschen in Armee und Verwaltung. Wer sich in den Dienst der Sowjets stellt, hat Vorteile. Mitglieder der Armee und der Verwaltung sind frei von materiellen Sorgen. Zwar leben sie auch nicht gerade in Luxus, aber sie sind abgesichert. In Form von Sonderzuteilungen, Rationierungen und Gutscheinen erhalten die Soldaten und Bürokraten alles, was sie zum Leben brauchen. Viele von ihnen leben besser als zuvor.

Selbst die ehemaligen Gegner des Regimes sind bereit, ihm zu dienen, denn für sie gibt es keine andere Überlebenschance. Die ehemaligen Bürgerlichen, die nunmehr in der roten Bürokratie ihren Dienst tun, sind kaum zu zählen.

Das Geld ist wertlos. Massenweise werden Tausendrubelscheine gedruckt. Sie sind gerade so viel wert, wie ihre Herstellung kostet. Sie sind nichts weiter als Propagandazettel, auf denen die Losung „Proletarier aller Länder, vereinigt euch!" auf russisch, französisch, deutsch, italienisch, chinesisch und arabisch zu lesen ist.

Die strikte Durchführung des Kriegskommunismus hat zu einem zunehmenden Chaos und zum allmählichen Stillstand der Industrieproduktion geführt. Neun Zehntel der Fabriken sind geschlossen, und eine riesige Armee von Bürokraten und Soldaten konsumiert, ohne etwas zu produzieren.

Als die Staatsführung sich der Situation bewußt wird, beschließt sie, einige ihrer theoretischen Grundsätze aufzugeben. Lenin sagt dazu: „Es ist ein taktischer Rückzug, aber kein ideologischer."

Das Recht auf Privateigentum in Handel und Industrie wird wieder eingeführt.

Aber wenn das Geld seinen Wert verloren hat, ist nur noch Tauschhandel möglich.

LENINS TOD

Am 22. Januar 1924 versammeln sich die Abgeordneten des Allunions-Sowjets im riesigen Saal des Moskauer Bolschoj-Theaters.

Der Saal ist zum Brechen voll von festlich gekleideten Arbeitern und Bauern in Pelzen. Auf der Bühne sitzt der Vorsitzende des Zentralen Exekutivkomitees in einem russischen Bauernhemd, das er gewöhnlich trägt, an einem riesigen, mit einem roten Tuch bedeckten Tisch.

Noch niemand weiß etwas, als Kalinin die Sitzung eröffnet und alle bittet, sich von den Plätzen zu erheben.

Er ist kaum in der Lage zu sprechen und bricht in Tränen aus, aber die Anwesenden haben ihn schon verstanden, und es erhebt sich ein Weinen und Wehklagen. Ein ohrenbetäubender Tumult entsteht, viele verlieren die Nerven und geben unartikulierte Laute von sich. Eine Massenhysterie scheint auszubrechen.

Die zahlreichen Bäuerinnen unter den Delegierten stimmen ländliche Totenklagen an.

Der „Vater der Revolution" wird beweint. Lenin ist soeben aus dem Leben geschieden.

Wegen der Gehirnlähmung, die an seinen Kräften zehrte, hatte er sich in ein prachtvolles Haus beim Dorfe Gorki zurückgezogen.

Ein Familienleben gab es für ihn nicht. Seine Frau war in erster Linie seine Mitarbeiterin, seine Gefährtin, die ihn wie ein Schatten überallhin begleitete. Er lebte nur für die Idee, die Sache, die Partei. Er hinterläßt keine Kinder, sondern nur Schüler.

Lenins Tod bewirkt keine Veränderung in der Regierung. Seit 1922 hat er sich aus seinen Ämtern zurückgezogen. Er übt keine konkrete Macht mehr aus, nachdem er an der Spitze der sowjetischen Regierung von einem Triumvirat ersetzt wurde, dem Kamenew, Stalin und als dominierende Figur Sinowjew angehören.

Lenin ist nicht mehr da. Stalin wird zum eingeschränkten Beherrscher der UdSSR.

ZEITTAFEL

VOR 1900
1861: *Abschaffung der Leibeigenschaft*
1881: *Ermordung Alexanders II. durch „Nihilisten".*
1894: *Tod Alexanders III., Nikolaus II. besteigt den Thron.*
1898: *Gründung der Sozialdemokratischen Partei Rußlands.*

DER RUSSISCH-JAPANISCHE KRIEG
8. Februar 1904: *Japan greift Port Arthur an*
5. Oktober 1904: *Schlcht am Flusse Scha ho*
21. Februar 1905: *Schlacht bei Mukden*
15. Mai 1905: *Seeschlacht von Tsuschima*
5. September 1905: *Friedensvertrag von Portsmouth*

DIE REVOLUTION VON 1905
9. Januar 1905: *„Blutsonntag" von Petersburg*
17. Oktober 1905: *Oktobermanifest Nikolaus II.*
27. April 1906: *Eröffnung der ersten Duma*
22. Juli 1906: *Auflösung der ersten Duma*
1906–1911: *Kabinett Stolypin*
22. November 1906: *Neues Agrargesetz*
Februar 1907: *Zweite Duma*
3. Juni 1907: *Auflösung der zweiten Duma*
November 1907 bis 1912: *Dritte Duma, genannt „Herrenduma"*

DER KRIEG
1. August 1914: *Deutschland erklärt Rußland den Krieg*
6. August 1914: *Österreich-Ungarn erklärt Rußland den Krieg*

DIE REVOLUTION VON 1917
14. Februar 1917: *Beginn der Streikbewegung*
23. Februar 1917: *90000 Arbeiter legen die Arbeit nieder*
23. bis 28. Februar 1917: *Die „fünf entscheidenden Tage". Kämpfe mit der Polizei*
27. Februar 1917: *Die Arbeiter wählen einen Sowjet*
2. März 1917: *Die Provisorische Regierung zwingt den Zaren zur Abdankung*
27. März 1917: *Die Provisorische Regierung erklärt ihre Absicht, bis zum „Endsieg" zu kämpfen*
3. April 1917: *Rückkehr Lenins nach Rußland. Veröffentlichung seiner „Aprilthesen" in der „Prawda"*
20. April 1917: *Arbeiterdemonstrationen gegen die Regierung*
5. Mai: *Zweite Provisorische Regierung (erste Koalitionsregierung)*
18. Juni: *Demonstration der Sowjets*
28. Juni: *Offensive gegen Österreich-Ungarn*
2. Juli: *Die Koalition zerbricht*
3./4. Juli: *Spontane Arbeiter- und Soldatendemonstrationen, an die sich die Matrosen von Kronstadt anschließen. Julikämpfe*
4. Juli: *Zweite Koalitionsregierung unter Kerenskij*
24. Juli: *Regierungskrise*
8. August: *Der Vorsitz des Petrograder Sowjets geht an die Bolschewiken über (Vorsitzender Trotzki)*
12. August: *Kerenskij beruft eine Konsultative Staatskonferenz ins Bolschoj-Theater ein*
August/September: *Regierungskrise*
31. August: *Kerenskij läßt sich zum Generalissimus ernennen*

DER AUFSTAND
31. August 1917: *Der Petrograder Sowjet stimmt für einen bolschewistischen Antrag*
1. September: *General Kornilow und andere Generäle werden verhaftet*
14. bis 22. September 1917: *Demokratische Konferenz unter Kerenskij in Petrograd*
25. September: *Dritte Koalitionsregierung*
Letzte Septemberwoche: *Lenins Rückkehr nach Petrograd*

DIE BOLSCHEWIKEN AN DER MACHT
24./25. Oktober 1917: *Aufstand und schließlicher Sieg der Bolschewiken, gleichzeitig mit dem Zusammentritt des Zweiten Allrussischen Sowjetkongresses. Kerenskij flieht*
17. November 1917: *Gründung der RSFSR*
12. Dezember 1917: *Gründung der Tscheka, der Geheimpolizei mit dem offiziellen Namen „Außerordentliche Kommission für den Kampf gegen Konterrevolution, Spekulation und Sabotage"*
15. Dezember 1917: *Waffenstillstand von Brest-Litowsk*
14. Februar 1918: *Einführung des Gregorianischen Kalenders*
23. Februar 1918: *Gründung der Roten Armee*
3. März 1918: *Friedensvertrag von Brest-Litowsk. Lenin verlegt den Regierungssitz nach Moskau*
15. März 1918: *Der vierte Sowjetkongreß ratifiziert den Friedensvertrag von Brest-Litowsk*
März 1918: *Die Sozialdemokratische Arbeiterpartei Rußlands wird in Kommunistische Partei Rußlands (Bolschewiki) umbenannt*
6. Juli 1918: *Ermordung des deutschen Botschafters Mirbach*
18. Juli 1918: *Erste Verfassung der RSFSR*
16. Juli 1918: *Ermordung der Zarenfamilie*
1918 bis 1921: *Bürgerkrieg*

NEUE ÖKONOMISCHE POLITIK (NEP)
8. März 1921: *Friedensvertrag von Riga zwischen Polen und Rußland*
März 1921: *Der 10. Parteitag der Kommunistischen Partei beschließt den Übergang vom „Kriegskommunismus" zur „Neuen Ökonomischen Politik"*
26. März 1922: *Lenin erleidet seinen ersten Schlaganfall*
30. Dezember 1922: *Bildung der UdSSR*
21. Januar 1924: *Tod Lenins*

Bis 1918 galt in Rußland der Julianische Kalender.
Die Zeitdifferenz zu unserem Gregorianischen Kalender beträgt für den hier behandelten Zeitraum 13 Tage. Im Text ist das erste Datum jeweils das des Julianischen Kalenders und das zweite, in Klammern gesetzte, das des Gregorianischen Kalenders.

INHALT

ISBN 3-89434-001-0

AUSFÜHRUNG: SÀRL ERIC BASCHET
ÜBERSETZUNG: KLAUS HÄNEL
IKONOGRAFIE: BASCHET & CIE *(L'Illustration)*

OFFSET-REPRODUKTIONEN: CLG
FOTOSATZ: MEISTERDRUCK REUTE
HERGESTELLT IM HAUSE DRUCKEREI UHL, RADOLFZELL

OKTOBER 1989

MER
BALTIQUE
Port
VASSILIEVSKAÏA
GALERNAÏA GAVAN
PETERSBOURSKAÏA
Place de la Bourse
Citadelle St Pierre et St Paul
Champ de Mars
Amirauté
Palais d'Hiver
ADMIRALTEISKAÏA
Nevsky Prospect
Banque de l'empire
KAZANSKAÏA
KOLOMENSKAÏA
SPASSKAÏA
MOSKOVSKAÏA
NARVSKAÏA
ALEXANDR
Voznessensky Prospect
Monument d'Alexandre II
Gare de la Baltique
Gare de Varsovie
Peterhov
Revel
Varsovie
Viborg
quai Nicolas
quai de l'Université